Romancista como vocação

HARUKI MURAKAMI

Romancista como vocação

TRADUÇÃO DO JAPONÊS
Eunice Suenaga

ALFAGUARA

Copyright © 2015 by Haruki Murakami

Grafia atualizada segundo o Acordo Ortográfico da Língua Portuguesa de 1990, que entrou em vigor no Brasil em 2009.

Título original
Hokugyo Toshite no Shosetsuka

Capa
Christiano Menezes/ Retina_78

Preparação
Juliana Souza

Revisão
Fernando Nuno
Adriana Bairrada

Dados Internacionais de Catalogação na Publicação (CIP)
(Câmara Brasileira do Livro, SP, Brasil)

Murakami, Haruki
Romancista como vocação / Haruki Murakami ; tradução Eunice Suenaga. – 1ª ed. – São Paulo : Alfaguara, 2017.

Título original: Hokugyo Toshite no Shosetsuka.
ISBN 978-85-5652-038-8

1. Escritores japoneses 2. Literatura japonesa – História e crítica 3. Murakami, Haruki 4. Romancistas japoneses I. Suenaga, Eunice. II. Título.

17-01961 CDD-895.6

Índice para catálogo sistemático:
1. Romancistas : Literatura japonesa : História e crítica 895.6

[2017]
Todos os direitos desta edição reservados à
EDITORA SCHWARCZ S.A.
Praça Floriano, 19 — sala 3001
20031-050 — Rio de Janeiro — RJ
Telefone: (21) 3993-7510
www.companhiadasletras.com.br
www.blogdacompanhia.com.br
facebook.com/alfaguara.br
twitter.com/alfaguara_br

Sumário

I. O romancista é generoso?

Se eu começar falando sobre romances, vou me estender muito logo de início. Então, por ora, vou falar apenas sobre os romancistas. Acho que esse tema é mais concreto, tem mais visibilidade e é relativamente fácil de ser desenvolvido.

Para ser bem sincero, não podemos considerar os romancistas — pelo menos não todos — sempre íntegros e imparciais. A meu ver, muitos possuem algumas particularidades não muito louváveis, além de hábitos e comportamentos esquisitos (mas não posso dizer isso em voz alta). Porém, independentemente de falar isso ou não, a maioria dos romancistas (cerca de 92%, suponho), inclusive eu, pensa: "O que eu faço e escrevo está certo. Todos os outros escritores estão errados, em maior ou menor grau, exceto alguns casos especiais", e leva o dia a dia com base nessa visão. No mínimo diria que são poucas as pessoas que querem ser amigas de gente assim.

De vez em quando ouço falar de escritores que são muito amigos, mas fico com pé atrás com esse tipo de afirmação. Até pode haver casos assim, mas acho que uma relação verdadeiramente íntima entre escritores não dura muito tempo. Escritores são basicamente egoístas, orgulhosos e muito competitivos. Se dois escritores estiverem juntos, a chance de eles não se darem bem será muito alta. Sei disso por experiência própria.

Em certo episódio famoso, Marcel Proust e James Joyce participaram de um jantar em Paris em 1922. Os dois estavam bem próximos um do outro mas não trocaram praticamente nenhuma palavra até o final do evento. As pessoas à volta prenderam a respiração para ouvir a conversa que seria travada entre dois grandes escritores que representavam o século XX, mas todos acabaram frustrados. Os dois deviam ser muito orgulhosos. Isso é comum.

Apesar disso, quando se pensa na exclusividade do ofício — em outras palavras, em uma certa "marcação de território" —, tenho a impressão de que, nesse quesito, os escritores são as pessoas mais generosas e de coração mais aberto que existem. Acho que essas são duas das poucas virtudes comuns a eles.

Vou explicar de forma mais clara e direta.

Vamos supor que um escritor possua talento musical e que tenha se tornado cantor. Ou que saiba desenhar e tenha começado a pintar. Esse escritor certamente sofrerá resistência em vários lugares, será ridicularizado e desprezado. "Está se achando e se intrometendo onde não é chamado", "É amador e não tem técnica nem talento", dirão alguns, e ele será tratado friamente por cantores e pintores profissionais. Pode até ser que seja hostilizado, ou no mínimo que seja recebido com indiferença. "Olá, seja bem-vindo" — ele ouvirá isso em pouquíssimos lugares, e de forma bem restrita.

Além de escrever romances, traduzo literatura americana para o japonês há cerca de trinta anos, mas no início (e talvez até hoje) a pressão sobre mim foi grande. Muitos disseram: "Tradução não é uma coisa fácil, que pode ser feita por um amador", ou "A tradução feita por um escritor é só uma diversão para ele".

Quando lancei o livro *Underground*, fui severamente criticado por escritores especializados em não ficção. "Não conhece as regras de uma não ficção", "É um dramalhão barato", "É muito amador", disseram. Eu não tinha tentado escrever uma obra do gênero "não ficção"; pensei apenas em escrever uma obra que, para mim, "*não era* ficção". Mas parece que acabei pisando no rabo dos tigres que vigiavam o "sagrado território" da "não ficção". Eu nem sabia que existia tal território, nunca tinha pensado que poderia haver *regras próprias* de uma não ficção, então no começo fiquei muito confuso.

Assim, quando nos intrometemos em uma área que não é a nossa, os respectivos especialistas fazem cara feia. Eles tentam repelir o nosso acesso como os glóbulos brancos tentam eliminar corpos estranhos do organismo. Se mesmo assim persistirmos, seremos tratados com condescendência, "É, não tem jeito", e a nossa presença será tolerada. Mas no começo sofreremos forte resistência. Quanto mais restrita, especializada e autoritária for *essa área*, maiores serão o orgulho, a ânsia por exclusividade e a resistência das pessoas que fazem parte dela.

Mas, no caso contrário, quando um cantor ou um pintor decide escrever um romance, ou quando um tradutor ou um escritor de não ficção escreve um romance, o romancista faz cara feia? Acho que não. Não são poucos os cantores, pintores, tradutores ou escritores de não ficção que escreveram um romance e foram amplamente reconhecidos. E nunca ouvi falar de um romancista que tenha ficado bravo dizendo: "Um amador está invadindo a nossa área". Pelo menos até onde sei, quase nunca acontece de os romancistas ridicularizarem pessoas assim. Pelo contrário, acho que ficam curiosos e desejam encontrar e falar com elas sobre o seu romance ou encorajá-las.

É claro que pode acontecer de os romancistas falarem mal da obra pelas costas, mas isso normalmente é feito como parte do trabalho, e não tem a ver com o fato de eles terem ficado incomodados com a invasão de seu território. Os romancistas possuem muitos defeitos, mas em geral têm coração aberto e são generosos com a entrada de pessoas de fora.

Por que será?

A meu ver, o motivo é bem claro. Afinal, praticamente todas as pessoas são capazes de escrever um mero romance — talvez seja indelicado falar "mero romance". Por exemplo, para ser pianista ou bailarino profissional, é preciso treinar longa e duramente desde criança. Para ser pintor também é necessário adquirir técnicas básicas e certo nível de conhecimento especializado, além de comprar uma série de materiais. E um alpinista deve ter físico, técnicas e coragem acima do normal.

Mas, para produzir um romance, basta a pessoa saber escrever (a maioria dos japoneses sabe), ter caneta esferográfica e caderno e certa capacidade de criar histórias, sem precisar receber treinamento especializado. Ou, melhor dizendo, para produzir algo parecido com um romance. Não precisa frequentar a faculdade de letras. Até se fala de um "conhecimento especializado para escrever romances", mas é como se ele não existisse na realidade.

Não é impossível que alguém com um pouco de talento consiga escrever um excelente romance na sua primeira tentativa. Fico constrangido quando falo de mim, mas nunca treinei para escrever romances. Frequentei o departamento de cinema e teatro da faculdade de letras, mas por causa do contexto histórico da época não estudei quase nada, andava todo sujo, com o cabelo comprido e a barba por fazer, perambulando por aí. Eu não tinha a intenção de ser escritor, não costumava escrever e, certo dia, de repente, comecei o meu primeiro romance (ou algo parecido com isso), *Ouça a canção do vento*. Com ele recebi o prêmio de novos talentos de uma revista literária e, mesmo sem entender direito como, acabei me tornando um escritor profissional. "Será que realmente é tão fácil assim?", eu me perguntava. Porque, afinal, foi fácil demais.

Ao ler isso, talvez alguns pensem, incomodados: "O que você acha que a literatura é?". Mas estou apenas falando do modo básico de ser das coisas. O romance é, sem dúvida, uma forma de expressão muito ampla, independentemente do que os outros pensem. E, dependendo da interpretação, essa amplitude é parte essencial da fonte da grande e singela energia que emana do romance. Por isso, acho que falar que "qualquer um pode escrever um romance" não é nada errado, é até um elogio.

Em outras palavras, o romance se parece com um ringue de luta livre onde qualquer um pode entrar como quiser. O espaço entre as cordas é largo, e tem até um banquinho à disposição. O ringue é bem amplo. Nenhum segurança fica tentando impedir a entrada, e os jurados não são muito chatos. Os lutadores profissionais (nesse caso, os romancistas) sabem disso e se mostram receptivos: "Tudo bem, qualquer um pode subir aqui, fiquem à vontade". O ambiente é amistoso, tranquilo, flexível... Resumindo, não é restritivo.

Subir no ringue pode ser fácil, mas permanecer nele por muito tempo, não. Os romancistas sabem disso. Escrever um ou dois romances não é muito difícil, mas continuar escrevendo por muito tempo e viver disso é uma tarefa árdua. Talvez seja impossível para pessoas normais. Pois, digamos assim, é necessário *algo especial*. É claro que é necessário certo nível de talento e também de determinação. Além disso, a sorte e a coincidência são fatores importantes, nesse e em muitos outros acontecimentos da vida. Mas, acima de tudo, é necessário ter algum tipo de *competência*. Algumas pessoas são dotadas dela; outras, não. Mas sempre podem conquistá-la com certo sacrifício.

Ainda se sabe pouco sobre essa *competência*, e parece que é raro falar sobre isso abertamente. Ela não pode ser visualizada nem verbalizada. Mas, de qualquer forma, os romancistas sabem muito bem quão árduo é continuar sendo romancista.

Por isso, a maioria deles é generosa e recebe de braços abertos os especialistas de outras áreas que passam entre as cordas do ringue e decidem fazer um romance. Muitos escritores dizem: "Se querem entrar, sejam bem-vindos". Ou não ligam muito quando chega alguém de fora. Se esses recém-chegados decidirem sair, por um motivo ou outro (a maioria acaba saindo por ter sido rejeitada ou sai por vontade própria), os escritores dirão: "Que pena", "Boa sorte"; mas, se os novatos se mantiverem firmes no ringue, com persistência, serão considerados dignos de respeito. E esse respeito em geral é imparcial e justo (ou, pelo menos, espero que seja).

Talvez a generosidade dos romancistas esteja relacionada com o fato de a indústria literária não ser uma sociedade em que o ganho de um signifique necessariamente a perda de outro. Ou seja, mesmo que alguém inicie a carreira de escritor, o escritor veterano não perderá o emprego (em princípio). Pelo menos não de forma direta. Essa é a diferença fundamental entre o mundo literário e o mundo do esporte profissional. Neste último, quando um novo jogador é contratado, um antigo ou um novato que não mostre bons resultados fica sem contrato e sai do time. Em contrapartida, a vendagem de um livro não cai 100 mil exemplares porque a vendagem de outro aumentou 100 mil. Pelo contrário, se o livro de um novo escritor vender bem, toda a indústria literária poderá ser favorecida, aumentando a venda geral de livros.

Mas, apesar disso, parece que ocorre certa seleção natural a longo prazo. Por mais que o ringue seja espaçoso, creio que haja um número máximo de pessoas que cabem nele. É o que sinto quando olho ao meu redor.

Venho escrevendo romances há mais de 35 anos e ganho a vida como escritor profissional. Ou seja, estou no ringue chamado "mundo literário" há mais de trinta anos. Em certo sentido, isso pode ser considerado uma conquista.

Nesses mais de trinta anos vi muitas pessoas iniciarem a carreira de escritor. Inúmeros escritores e romances receberam grande reconhecimento quando foram lançados. Foram elogiados pela crítica, ganharam muitos prêmios literários, tornaram-se populares e venderam bem. Muitos escritores foram considerados promissores. Ou seja, subiram ao ringue sob a luz dos holofotes, acompanhados de músicas incríveis.

Mas, para ser sincero, não é grande o número de escritores que começaram a carreira vinte ou trinta anos atrás e que continuam escrevendo até hoje. Ou, melhor dizendo, ele é muito pequeno. Muitos "jovens talentos" desapareceram sem sequer serem notados. Ou — e acho que esse é o caso da maioria — foram para outras áreas pois se cansaram, ou acharam que escrever romances é muito trabalhoso. Provavelmente muitas de suas obras, que foram bastante populares e receberam grande destaque na época do lançamento, não são mais encontradas nas livrarias. Afinal, a quantidade de escritores pode até ser ilimitada, mas o espaço nas livrarias, não.

Em minha opinião, escrever romances não é um trabalho apropriado para pessoas muito inteligentes e de mente afiada. Naturalmente é necessário certo nível de esperteza, cultura e conhecimento para escrevê-los, e acho até que sou dotado de um nível mínimo desses fatores. Provavelmente. É, talvez. Mas, se alguém me perguntar, "É mesmo? Tem certeza?", vou ficar na dúvida.

Porém, penso que as pessoas muito perspicazes ou dotadas de um conhecimento vasto e extraordinário não são as mais adequadas para escrever romances. Essa atividade — de narrar uma história — deve ser executada a uma velocidade baixa, em marcha lenta. A sensação que tenho é de que a velocidade da escrita é um pouco maior do que a de uma caminhada, mas menor do que a de um passeio de bicicleta. O funcionamento básico do raciocínio de algumas pessoas é adequado para essa velocidade, mas o de outras, não.

Ao fazer um romance, os escritores geralmente convertem em *narrativa* o que existe no interior da sua consciência. O que existe na consciência e o que foi expresso são diferentes, e eles usam essa *diferença* como uma alavanca para criar o dinamismo da narrativa. É um trabalho cheio de rodeios, que demanda muito tempo.

As pessoas que possuem na mente uma mensagem com contornos relativamente bem definidos não precisam ter o trabalho de convertê-la em narrativas. Verbalizar diretamente a mensagem é bem mais rápido, e o resultado pode ser mais bem compreendido pelas pessoas em geral. A mensagem ou o conceito que levariam cerca de seis meses para serem convertidos em romance podem ser verbalizados diretamente em apenas três dias. Se forem expressos na forma de discurso oral, pode levar menos de dez minutos. As pessoas perspicazes podem optar por isso. Os ouvintes também irão compreender facilmente e dizer: "Entendi!". Resumindo, ter esse dom é sinônimo de ser inteligente.

As pessoas com vasto conhecimento não precisam escolher um "recipiente" confuso e estranho como a narrativa. Nem precisam ter o trabalho de criar do zero um cenário imaginário. Elas podem combinar, de forma lógica, os vários conhecimentos que possuem e verbalizá-los para convencer e impressionar facilmente os outros.

Acho que por isso muitos críticos literários não conseguem compreender *alguns tipos* de romance ou narrativa — mesmo entendendo, não são capazes de verbalizar ou expressar a sua compreensão de forma lógica e eficiente. Em geral os críticos literários são mais inteligentes e mais perspicazes do que os romancistas. Os primeiros muitas vezes não conseguem acompanhar o veículo lento chamado narrativa, por isso acabam impondo o próprio ritmo a ele e, com base nessa "imposição", desenvolvem a sua teoria. Em alguns casos esse procedimento é adequado; em outros, não. Em alguns casos ele dá certo; em outros, não. Se, além de ter ritmo lento, o texto original for multifacetado e complexo, a "imposição" será ainda mais difícil de ser feita e, consequentemente, o resultado será distorcido.

De qualquer forma, vi com os meus próprios olhos muitas pessoas perspicazes e sagazes — de outras áreas, em sua maioria — que escreveram um ou dois romances e depois foram fazer outra coisa.

Em geral os romances eram brilhantes e *bem escritos*. Cheguei a perceber algo novo e surpreendente em alguns deles, mas a maioria dos autores permaneceu pouco tempo no ringue. Cheguei a ter a impressão de que só fizeram uma visita rápida e foram embora.

Talvez as pessoas com um pouco de talento literário consigam escrever com facilidade um romance. E pode ser que pessoas sagazes não encontrem a vantagem que esperavam no ato de escrevê-lo. Elas escrevem um ou dois romances e concluem: "Ah, então é assim que se escreve um romance", e mudam de área. Achando que é melhor fazer algo mais eficiente.

Eu entendo esse sentimento. Escrever romances é de fato algo extremamente ineficiente. É uma repetição do "por exemplo". Vamos supor que o autor tenha seu tema pessoal. Ele o parafraseia, colocando em outro contexto: "Tal coisa significa, por exemplo, isso". Se houver uma parte confusa e nebulosa nessa paráfrase, começará outra versão: "Tal coisa significa, por exemplo, isso". É uma eterna repetição de "Tal coisa significa, por exemplo, isso". Uma cadeia de paráfrases que continua para sempre. Como as bonecas russas que não param de surgir uma de dentro da outra. Até penso que não deve haver outro trabalho mais ineficiente e com tantos rodeios como o de escrever romances. Se o tema inicial pudesse ser verbalizado de forma fácil, clara e compreensível, as paráfrases seriam desnecessárias. No limite, e com certo exagero, podemos dizer que "o escritor é aquele que tem necessidade de fazer o que é desnecessário".

Mas, para os romancistas, a verdade está escondida justamente nessa parte desnecessária, cheia de rodeios. Pode parecer que estou usando um argumento rebuscado, mas os romancistas em geral realizam o seu trabalho acreditando nisso. Então é natural que haja a opinião de que "romancistas são desnecessários neste mundo" e de que são "extremamente necessários neste mundo". Depende da época e do campo em que nos baseamos. O mundo onde vivemos é multifacetado e, nele, as coisas ineficientes e com rodeios, e as coisas eficientes e ágeis, constituem a frente e o verso de uma mesma moeda. O mundo provavelmente será distorcido se faltar uma das faces (ou se uma delas for muito menos expressiva).

* * *

É apenas uma opinião pessoal, mas acho que, basicamente, escrever romances é algo bem maçante. Nesse ato não existe quase nenhum elemento de inteligência. O escritor se tranca sozinho no quarto e, compenetrado, modifica o texto, dizendo: "Não é bem assim, nem assim". Mesmo que ele consiga melhorar um pouco a precisão de uma linha depois de quebrar a cabeça o dia inteiro sentado à mesa, não receberá nenhum aplauso por isso. Não receberá tapinhas nas costas nem um "Parabéns". Somente ele balançará a cabeça satisfeito: "É isso aí". Quando o livro for lançado, talvez ninguém no mundo perceba a precisão daquela linha. Escrever romances é isso. Dá muito trabalho e é bastante tedioso.

No mundo existem pessoas que montam a maquete de um navio dentro de uma garrafa usando uma longa pinça, e demoram quase um ano nessa tarefa. Escrever romances talvez seja parecido. Não sou muito habilidoso com trabalhos manuais nem sou capaz de fazer algo tão complicado quanto uma maquete, mas acho que, essencialmente, as duas atividades têm pontos em comum. No caso de romances longos, o trabalho minucioso vai durar dias e dias, dias e dias. Quase uma eternidade. Somente as pessoas com vocação para isso ou que não sentem sofrimento nessa atividade conseguem continuar por muito tempo nela.

Quando eu era criança, li em algum lugar uma história sobre dois homens que foram conhecer o monte Fuji. O mais inteligente observou a elevação do sopé de alguns ângulos e ficou satisfeito: "Então esse é o monte Fuji. Ele é maravilhoso por causa disso e disso". Assim pensando, foi embora. Foi bastante eficiente. E rápido. Mas o menos inteligente não conseguiu compreender o monte Fuji tão facilmente assim, não quis ir embora e subiu ao seu cume. Levou tempo e foi penoso. Gastou energia e ficou exausto. E finalmente pensou: "Então esse é o monte Fuji". Ele compreendeu, ou seja, até certo ponto, ficou satisfeito.

Os romancistas (ou a maioria deles) têm mais a ver com o segundo homem, que, fico constrangido em dizer, não é muito inteligente. É do tipo que só consegue compreender o monte Fuji depois de subir ao seu cume. Ou, melhor dizendo, não compreende mesmo depois de subir várias vezes, ou, quanto mais sobe, compreende menos ainda — essa talvez seja a natureza dos romancistas. Avaliando por esse lado, o problema não é *só a eficiência*. De qualquer forma, não é um trabalho para as pessoas de mente muito afiada.

Por isso os romancistas não ficam tão surpresos quando algum gênio de outro ramo aparece casualmente, escreve um romance que chama a atenção dos críticos e leitores e vira best-seller. Nem se sentem ameaçados, e muito menos ficam bravos (eu acho). Afinal, os romancistas sabem que é raro alguém assim continuar escrevendo romances por muito tempo. Os gênios têm o próprio ritmo, os intelectuais têm o próprio ritmo, os acadêmicos têm o próprio ritmo. A longo prazo, o ritmo deles em geral não é o mais apropriado para escrever romances.

Naturalmente há gênios entre os romancistas profissionais. Há também gente com a mente muito afiada. Mas essa mente não é afiada do ponto de vista convencional; e sim do ponto de vista do *romance*. A meu ver, o tempo máximo que alguém consegue escrever usando apenas essa mente afiada — talvez seja mais compreensível chamar esse período de "validade como romancista" — é de dez anos. Depois disso, lhe será exigida uma qualidade maior e mais duradoura que substitua a mente afiada. Em outras palavras, em certo momento ele precisará transformar o seu "corte de navalha" em "corte de facão". Depois terá que transformar o "corte de facão" em "corte de machado". Aquele que conseguir passar por vários pontos de transição irá crescer como escritor e provavelmente viverá desse ofício ao longo dos anos. Aquele que não conseguir irá desaparecer do meio. Ou terá uma presença inexpressiva. Ou irá se estabelecer confortavelmente no lugar onde devem se estabelecer as pessoas de mente afiada.

Mas, falando com franqueza, "se estabelecer confortavelmente no lugar onde devem se estabelecer" é quase sinônimo de "ter a criatividade cerceada" no caso dos romancistas. Romancistas são como alguns peixes: acabam morrendo se não se moverem constantemente dentro d'água.

Por isso eu tenho igual respeito por todos os que continuam escrevendo romances sem se cansar por vários anos — ou seja, meus companheiros. É claro que tenho opiniões favoráveis ou desfavoráveis sobre cada uma de suas obras. Mesmo assim, penso que aqueles que atuam, ou melhor, sobrevivem como romancistas profissionais por vinte, trinta anos, conquistando determinado número de leitores, possuem algo como uma essência forte e notável de romancista. Um ímpeto interno que não lhes permite ficar sem escrever romances. Uma enorme perseverança que sustenta o longo e solitário ato. Talvez possamos dizer que seja uma aptidão, uma competência necessária para os romancistas profissionais.

Escrever um romance uma vez não é muito difícil. Para alguns, escrever um excelente romance uma vez não é muito difícil. Não digo que seja fácil, mas não é impossível. No entanto, continuar escrevendo romances incessantemente, isso, sim, é difícil. Não é qualquer um que consegue. Para isso, como eu já disse, é preciso algo como uma competência especial. Acho que *talento* não seja exatamente a palavra.

Então, como saber se uma pessoa tem essa competência? Só há um jeito: jogá-la na água e ver se ela nada ou afunda. Fui grosseiro, mas parece que na vida as coisas geralmente funcionam assim. Além do mais, uma pessoa pode ser inteligente e eficiente mesmo que não escreva romances (ou melhor, justamente por não escrever romances). Produzem romances as pessoas que desejam escrever, que não conseguem ficar sem escrever. E elas continuam escrevendo romances. Claro que, sendo escritor, aceito essas pessoas de coração aberto.

Sejam bem-vindas ao ringue.

II. Início da carreira de romancista

Comecei a carreira de escritor com trinta anos, quando já tinha certa vivência — que não era suficiente, eu sei —, depois de ganhar o prêmio de novos talentos da revista literária *Gunzô*. A minha trajetória de vida foi um pouco diferente da de outras pessoas. Acho que a maioria delas se forma, começa a trabalhar e, depois de um tempo, se casa. Eu também pretendia levar uma vida assim. Ou, melhor dizendo, achava que a minha vida seria assim, pois esse é o curso das pessoas em geral. E (por bem ou por mal) eu não tinha praticamente nenhuma intenção de contrariar o senso comum. Mas, na prática, eu me casei primeiro, comecei a trabalhar por necessidade e, depois de um tempo, me formei. Ou seja, a ordem foi bem diferente da convencional. Esse foi o curso que eu tomei, ou, por assim dizer, foi o que *acabou acontecendo*. O curso da vida quase nunca segue o plano inicial.

Assim, me casei primeiro (vou demorar muito se for contar por que me casei, então vou omitir a história) e, como não queria trabalhar em empresas (vou demorar muito se for contar por que eu não queria trabalhar em empresas, então vou omitir essa história também), decidi ter um negócio próprio. Abri um estabelecimento onde tocava jazz e servia café, bebidas alcoólicas e alguns pratos. Como nessa época eu era apaixonado por jazz (até hoje costumo ouvir bastante), pensei de forma simplista e um pouco otimista que o fato de ouvir músicas que eu adorava, de manhã até a noite, era suficiente. Mas naturalmente eu e minha esposa não tínhamos nenhum capital, afinal ainda éramos estudantes. Assim, trabalhamos duro durante três anos fazendo vários bicos para juntar dinheiro. Também pedimos empréstimo para muitas pessoas. Com esse capital, abrimos um estabelecimento na saída sul da estação Kokubunji, em 1974.

Felizmente naquela época os jovens não precisavam de muito dinheiro para começar um negócio. Era diferente dos dias de hoje. Por isso muitas pessoas como eu, que não queriam trabalhar em empresas nem queriam se sujeitar ao sistema, abriam pequenos negócios aqui e ali. Salões de chá, restaurantes, lojas diversas, livrarias. Perto do nosso estabelecimento havia vários outros locais administrados por jovens da nossa geração. Muitos dos que perambulavam por aí pareciam ter saído do movimento estudantil e tinham a cabeça quente. Acho que nessa época ainda restavam muitos "nichos". As pessoas podiam sobreviver de alguma forma quando conseguiam encontrar um nicho apropriado. Foi um período um pouco violento, mas interessante à sua maneira.

Levei para o meu novo estabelecimento o piano vertical que usava quando morava com os meus pais, e nos finais de semana realizávamos concertos ao vivo. Na região de Musashino, onde ficava o nosso negócio, moravam muitos músicos de jazz que aceitavam tocar (provavelmente) de bom grado, apesar do cachê baixo. Alguns são famosos hoje, mas naquela época todos nós éramos apenas jovens empolgados. Infelizmente não ganhamos muito dinheiro com isso.

Apesar de fazer o que eu gostava, foi muito difícil saldar nosso débito, que era grande. Devíamos para o banco e para os amigos. Em alguns anos conseguimos quitar a dívida com os amigos, inclusive com juros. Nem comíamos direito e trabalhávamos de manhã até a noite, até que pagamos tudo ao banco também. O que, aliás, não é nenhum motivo para me gabar. Nessa época nós — minha esposa e eu — levávamos uma vida modesta e espartana. Não tínhamos TV, rádio nem despertador em casa. Nosso aquecedor funcionava mal, e, nas noites frias, tínhamos que dormir abraçados nos nossos gatos. Eles também se agarravam a nós.

Certa noite caminhávamos na rua cabisbaixos e preocupados porque não tínhamos conseguido arranjar dinheiro para pagar a prestação mensal do banco, e acabamos encontrando no chão notas de dinheiro amassadas. O curioso é que era o valor exato de que precisávamos, e não sei como chamar isso: sincronicidade, orientação... dessa vez escapamos por pouco, pois, se não tivéssemos depositado o dinheiro no dia seguinte, teríamos ficado sem capital algum (casos curiosos como esse aconteceram algumas vezes na minha vida, por alguma razão). Na verdade devíamos ter entregado esse dinheiro à polícia, mas na época não estávamos em condições de ser tão bonzinhos assim. Sinto muito... Eu sei que não adianta nada me arrepender agora. De qualquer forma, penso em retribuir à sociedade de alguma outra forma, na medida do possível.

Não quero falar em detalhes das dificuldades pelas quais passei, mas, resumindo, a fase dos vinte aos trinta anos foi bastante dura para mim. É claro que no mundo deve haver muitas pessoas que passaram por situações muito mais difíceis do que a minha. Elas devem falar: "Ah, a sua situação não foi nem um pouco difícil", e acho que têm razão. Mas, para mim, foi muito árduo. É isso o que eu quero dizer.

Entretanto, foi uma fase divertida, é verdade. Fui um jovem com muita saúde, podia ouvir músicas que eu adorava o dia inteiro e, apesar de o estabelecimento ser pequeno, eu que ditava as regras. Não precisava pegar trem lotado para ir ao trabalho, não tinha que participar de reuniões chatas nem baixar a cabeça para um chefe desagradável. Conheci muitas pessoas divertidas e interessantes.

Outra coisa importante é que nessa época eu estudei o mundo real. "Estudar o mundo real" parece algo bobo, mas, resumindo, eu me tornei adulto. Várias vezes bati com a cabeça na parede e escapei do perigo por pouco. Ouvi coisas terríveis, fizeram coisas terríveis comigo e passei por humilhações. Nessa época, o simples fato de ter um estabelecimento como o meu era motivo suficiente para ser discriminado. Eu trabalhava duro e suportava muitas coisas calado. Cheguei a expulsar bêbados que estavam causando confusão, mas tive que encolher os ombros e ficar quieto quando sopravam ventos mais fortes. Não conseguia pensar em outra coisa a não ser manter o estabelecimento e pagar as dívidas.

Superei essa fase difícil trabalhando incansavelmente; com custo, consegui sobreviver sem sofrer grandes danos e cheguei a um lugar um pouco mais iluminado e plano. Descansei um pouco e, quando olhei à minha volta, estendia-se diante de mim uma paisagem nova, nunca vista antes. E, em meio a ela, eu me encontrava renovado — em palavras bem simples, foi isso o que aconteceu. Quando me dei conta, eu estava um pouco mais forte e um pouco mais (só um pouquinho mesmo) sábio.

Com isso, não quero dizer que "na vida, quanto mais dificuldades você passar, melhor". Para falar a verdade, acho que é bem melhor não passar por dificuldades, se houver essa possibilidade. É claro que ter problemas não é nada divertido, e a pessoa, dependendo da própria personalidade, pode ficar tão arrasada que não conseguirá mais se recuperar. Entretanto, se você se encontra em uma situação difícil agora e está passando por um grande sofrimento, quero dizer o seguinte: deve estar sendo difícil agora, mas essa experiência poderá render bons frutos no futuro. Não sei se essas palavras servirão de consolo, mas espero que você se esforce e siga em frente pensando dessa forma.

Vendo em retrospecto, eu era um rapaz "comum" até começar a trabalhar. Cresci no bairro residencial pacato de uma região suburbana entre Osaka e Kobe; eu não tinha nenhum problema, não causei nenhum problema e, apesar de não ter estudado muito, minhas notas não eram tão baixas assim. Só que eu gostava de ler desde criança e lia muitos livros. Acho que durante a época dos ensinos fundamental e médio não havia ninguém que lesse tanto quanto eu. Eu também gostava de música, e escutava vários estilos o tempo todo. Naturalmente não sobrava muito tempo para estudar as matérias escolares. Eu sou filho único, basicamente cresci recebendo muitos cuidados (ou seja, sendo mimado) e quase nunca passei por dificuldades. Resumindo, eu não sabia nada sobre o mundo.

Eu me mudei para Tóquio no final da década de 1960, quando ingressei na Universidade de Waseda. Foi na época em que a tempestade do protesto dos estudantes seguia bastante forte e as universidades estavam fechadas havia muito tempo. Inicialmente estavam fechadas por causa da greve dos estudantes, e depois por causa do bloqueio por parte da universidade. Então praticamente não havia aula e, graças a isso, eu levava uma vida de estudante bastante irresponsável.

Por natureza não gosto de andar em bandos e fazer a mesma coisa que outras pessoas e, por isso, eu não pertencia a nenhum grupo. Mas apoiava o movimento estudantil e fazia o que estava ao meu alcance. Porém, depois que começou o conflito entre as diferentes facções que eram contra o sistema, e assassinatos passaram a ser uma banalidade em discussões resultantes de rixas internas (um estudante apolítico foi assassinado na sala de aula da faculdade de letras onde tínhamos aula), fiquei desiludido com o movimento, assim como muitos outros estudantes. Senti que havia algo errado nele, que ele carecia de uma imaginação saudável. No final das contas, quando essa tempestade passou, só restou uma decepção amarga nos nossos corações. Por mais que o slogan seja correto, que a mensagem seja bela, essas palavras se tornarão vazias se a força da alma e a força da moral não forem capazes de sustentá-las. Foi isso que eu aprendi nessa época por experiência própria, e tenho certeza disso até hoje. As palavras possuem uma força concreta, mas essa força precisa ser correta. Ou, pelo menos, imparcial. As palavras não podem ser vazias, privadas de conteúdo e contexto.

Por isso eu me voltei para uma área mais pessoal e permaneci aí. A área da literatura, da música e do cinema. Nessa época eu tinha um emprego temporário num estabelecimento noturno em Kabukichô, Shinjuku, e conheci muita gente. Não sei como é hoje, mas quando eu trabalhava lá pessoas completamente estranhas e interessantes perambulavam por Kabukichô e proximidades. Passei por experiências curiosas, divertidas, meio perigosas e duras. Foi nesse lugar animado, diversificado, às vezes duvidoso e violento, que aprendi muito sobre a vida, e não nas salas de aula da universidade nem nos clubes universitários onde se reúnem pessoas idênticas umas às outras. Eu me considerava *streetwise*, palavra inglesa que significa "portador da sabedoria prática para sobreviver na cidade"; eu me dava melhor com essas coisas mais pé no chão do que com estudos acadêmicos. Para ser sincero, as aulas na faculdade não me despertavam praticamente nenhum interesse.

Como eu já era casado e estava trabalhando, um diploma universitário não teria utilidade para mim. Mas, na Universidade de Waseda, os estudantes pagavam apenas pelas aulas frequentadas, e faltavam poucos créditos para que eu me formasse. Por isso encontrei tempo durante o trabalho, fui às aulas e consegui me formar em sete anos. No último ano, me inscrevi numa aula com o professor Shinya Andô, sobre Racine. Como eu faltava bastante, corri o risco de não conseguir os créditos e, consequentemente, de não me formar. Então fui até a sala do professor para explicar a minha situação: "Para falar a verdade, eu já sou casado, trabalho todos os dias e não tenho tempo de vir para a faculdade...". Ele foi até o nosso estabelecimento em Kokubunji e disse, na hora de ir embora: "Realmente, a sua vida não é fácil". Ele era uma pessoa generosa e me deu os créditos. Nessa época havia muitos professores de caráter nobre (não sei como é hoje). Quanto ao conteúdo das suas aulas, porém, não me lembro de quase nada (sinto muito).

Ficamos três anos no subsolo de um prédio perto da saída sul da estação Kokubunji. Tínhamos fregueses regulares e estávamos conseguindo pagar a dívida sem muitos problemas, mas do nada o dono do prédio pediu para sairmos de lá porque ele queria ampliar o imóvel. Como não teve jeito (as coisas não foram tão fáceis assim; passamos por muitas dificuldades, mas essa história também não tem fim...), saímos de Kokubunji e fomos para Sendagaya, no centro de Tóquio. O local era mais amplo e iluminado, e conseguimos comprar um piano de cauda para concertos ao vivo, o que foi positivo, mas acabamos contraindo mais dívidas. Nunca tínhamos sossego (relembrando os tempos passados, parece que o leitmotiv da minha vida é "sem sossego").

Assim, dos vinte aos trinta anos trabalhei duro de manhã até a noite e todo o meu tempo era utilizado para conseguir pagar as dívidas. Quando me lembro dessa época, só me vem à cabeça que eu trabalhei muito. Imagino que a vida das pessoas normais na casa dos vinte seja mais divertida, mas quase não tive condições de *aproveitar a juventude* por falta de tempo e de dinheiro. Mas mesmo nessa época eu lia livros sempre que conseguia. Por mais que estivesse ocupado, por mais que a vida fosse difícil, a leitura continuou sendo uma grande alegria para mim, assim como a música. Ninguém podia tomar de mim essa alegria.

No final dos meus vinte anos, o estabelecimento de Sendagaya finalmente estava se estabilizando. Ainda tínhamos dívidas e o faturamento oscilava, dependendo da época, então não conseguíamos ficar completamente despreocupados. Mas, se as coisas continuassem como estavam, logo não teríamos mais problemas, assim pensávamos.

Não acho que tenho talento especial para negócios e, como não sou simpático nem sociável, claramente não levava jeito para trabalhar no comércio. Mas tenho um ponto forte: faço as coisas de que gosto com afinco, sem reclamar. Acho que foi por isso que consegui gerenciar o estabelecimento razoavelmente bem. Afinal, eu gostava de música e me sentia feliz fazendo trabalhos relacionados a ela. Mas, quando me dei conta, já estava com quase trinta anos. A minha fase de juventude estava para chegar ao fim. Lembro que tive uma sensação curiosa. "É, a vida passa assim, bem depressa", pensei.

Certa tarde ensolarada de abril de 1978 fui ver um jogo de beisebol no estádio Jingû. Era a abertura do campeonato nacional de beisebol, Yakult Swallows contra Hiroshima Carp. O jogo começou à uma da tarde. Eu sou fã do Yakult Swallows desde essa época e, como morava perto do estádio, costumava ir ao jogo despreocupadamente, aproveitando a caminhada.

Nessa época o Swallows era um time fraco, eternamente na segunda divisão, sem dinheiro nem jogadores famosos. Naturalmente, não tinha muitos torcedores. Apesar de ser a primeira partida da temporada, a arquibancada estava vazia. Eu assisti ao jogo sozinho, deitado no gramado e bebendo cerveja. Naquele tempo parte do estádio não tinha assentos, e havia só um barranco coberto de grama. Lembro que foi um dia muito agradável. O céu estava limpo e bonito, a cerveja gelada e a bola branca se destacava no gramado verde. Beisebol tem que ser visto no estádio. É o que eu penso.

O primeiro rebatedor do Yakult Swallows foi Dave Hilton, um americano magro e desconhecido. O quarto foi Charles Manuel, que depois ficou famoso como técnico da Phillies. Na época ele era um rebatedor forte e ousado, conhecido entre os fãs japoneses como "Demônio Vermelho".

Acho que o primeiro arremessador do Hiroshima Carp foi o Takahashi (Satoshi) e o do Yakult Swallows foi o Yasuda. No segundo turno da primeira entrada, quando o Takahashi lançou a primeira bola, Hilton fez uma bela rebatida para a esquerda e foi até a segunda base. O som agradável do taco atingindo a bola ecoou em todo o estádio. Ouviram-se alguns aplausos. Nesse momento pensei subitamente, sem nenhum contexto e sem nenhum fundamento: É, talvez eu também possa escrever romances.

Até hoje me lembro bem do que senti. Foi como se algo tivesse caído do céu lentamente e eu o tivesse recebido com as duas mãos. Não sei bem por que ele veio justo na minha direção, *por acaso*. Não entendi na hora e não entendo até hoje. De qualquer forma, *isso* aconteceu. Digamos que esse acontecimento tenha sido como uma revelação. O que aconteceu comigo nessa tarde foi uma *epifania*, que é algo difícil, uma "manifestação súbita da essência" ou uma "compreensão intuitiva dos fatos". Em palavras simples, seria: "Algo que aparece diante dos olhos certo dia, de súbito, e muda tudo". Depois desse acontecimento a minha vida se transformou completamente. No momento em que Dave Hilton acertou uma bela e forte rebatida dupla no estádio Jingû.

Depois do jogo (lembro que o Swallows ganhou) fui a uma papelaria e comprei papel e caneta-tinteiro (Sailor, dois mil ienes). Como na época processadores de texto e computadores não eram comuns, eu tinha que escrever tudo à mão. O que produziu uma sensação bastante nova em mim. Eu me sentia animado, afinal fazia muito tempo que não escrevia com uma caneta-tinteiro.

Tarde da noite, depois do trabalho, sentei-me à mesa da cozinha e comecei a escrever o romance. Tirando essas poucas horas até o amanhecer, eu praticamente não tinha tempo livre. Assim, concluí *Ouça a canção do vento* em cerca de seis meses (inicialmente, tinha outro título). Quando terminei a primeira versão, a temporada de beisebol já estava para acabar. A propósito, nesse ano o Yakult Swallows venceu o campeonato, contrariando a expectativa da maioria, e, na Nippon Series, derrotou o Hankyu Braves, que possuía os melhores arremessadores do Japão. De fato foi uma temporada milagrosa.

Ouça a canção do vento é um romance curto, com menos de duzentas páginas. Mas levei muito tempo para concluí-lo. Uma das razões é que eu não tinha muito tempo livre, mas o principal motivo é que eu não fazia a menor ideia de como escrever um romance. Eu adorava ler romances russos do século XIX e livros de bolso em inglês, mas nunca tinha lido romances contemporâneos japoneses (a chamada "alta literatura") de modo sistemático e sério. Por isso eu não sabia que tipo de romance contemporâneo existia no Japão nem como escrever romances em japonês.

Mesmo assim usei a intuição e concluí algo depois de alguns meses de trabalho. Mas, ao ler o que tinha escrito, não fiquei satisfeito. *Poxa, não gostei disso*, pensei decepcionado. Digamos que o texto tinha formato de romance mas não tinha muita graça, e nada em seu desfecho tocava o coração. Se o próprio autor estava sentindo isso, deveria ser pior para um leitor. *Eu realmente não tenho talento para escrever romances*, pensei deprimido. Normalmente as pessoas desistem nessa hora, mas nas minhas mãos ainda restava nitidamente a epifania que tive no estádio Jingû.

Pensando bem, foi natural eu não ter conseguido escrever um bom romance. Afinal, nunca tinha feito isso antes e seria impossível escrever com facilidade um excelente livro logo na primeira tentativa. Talvez o problema foi ter tentado escrever um bom romance, ou algo que parecesse um romance. *Eu realmente não consigo escrever um bom romance. Então vou escrever livremente o que eu sentir, o que vier à minha cabeça, abandonando as ideias preconcebidas de que romance tem que ser assim, de que literatura tem que ser assim*, pensei.

É fácil falar que se deve "escrever livremente o que se sentir, o que vier à cabeça", mas é difícil colocar essa ideia em prática. É um trabalho árduo, especialmente para quem nunca escreveu um romance. Para mudar de vez o meu modo de pensar, decidi abandonar por um tempo o papel e a caneta-tinteiro. Com eles à minha frente, eu acabava tendo uma postura *literária*. Assim, tirei a máquina de escrever Olivetti do fundo do armário e comecei a escrever o início do romance em inglês. Eu queria fazer qualquer coisa que *não fosse normal*.

A minha capacidade de escrever em inglês era limitada. Eu só conseguia usar certo número de palavras e de estruturas gramaticais. Naturalmente todas as sentenças ficavam curtas. Por mais que tivesse ideias incontáveis e complexas, eu não conseguia expressá-las diretamente. Tive que convertê-las nas palavras mais simples possível, parafraseá-las de forma compreensível, eliminando a gordura desnecessária das descrições e tornando o texto compacto, além de organizá-las e colocá-las em um recipiente limitado. O texto ficou muito rústico. Mas, com custo, à medida que fui escrevendo, começou a surgir algo com um ritmo próprio.

Como eu era um japonês nascido no Japão, e vinha usando a língua japonesa desde pequeno, o meu interior estava cheio de palavras e expressões em japonês. Quando eu tentava colocar por escrito o sentimento ou o cenário que havia na minha cabeça, as palavras e as expressões dentro de mim trafegavam a alta velocidade e acabavam colidindo. Mas isso não acontecia quando eu escrevia o texto em uma língua estrangeira, porque as palavras e as estruturas gramaticais eram limitadas. Nessa hora descobri que, por mais que eu tivesse poucos artifícios, a emoção e a intenção podiam ser expressas sem problemas se fossem combinadas de forma eficaz, dependendo de como fosse essa *combinação*. Resumindo, percebi que *não havia necessidade de usar palavras difíceis nem belas expressões para impressionar as pessoas*.

Muito tempo depois descobri que uma escritora chamada Ágota Kristóf escreveu romances excelentes usando um estilo de escrita que produzia um efeito semelhante. Ela era húngara, exilou-se na Suíça durante a Revolução Húngara de 1956 e começou a escrever romances em francês por força das circunstâncias. Afinal, ela não estava conseguindo se sustentar escrevendo romances em húngaro. Aprendeu francês (na verdade, foi forçada a aprender) depois de adulta. Mas ela foi bem-sucedida em criar um novo estilo usando a língua estrangeira em seus romances: um ritmo agradável que combina frases curtas, linguagem direta e descrição precisa sem muita afetação. Através desses elementos ela conseguiu produzir uma atmosfera misteriosa que causava a sensação de que algo importante estava oculto. Lembro muito bem que quando li o romance dela pela primeira vez, muito tempo depois de começar a escrever, senti algo familiar. Claro que os nossos romances são bem diferentes.

De qualquer forma, depois de *descobrir* o efeito curioso de escrever em língua estrangeira e adquirir o meu próprio ritmo, guardei a máquina de escrever no armário e peguei novamente o papel e a caneta-tinteiro. E *traduzi* para o japonês o texto em inglês de mais ou menos um capítulo do livro. Mas o que eu fiz não foi bem uma tradução ao pé da letra; foi algo mais parecido com um *transplante* livre. Inevitavelmente nesse momento surgiu um novo estilo de escrever em japonês. O meu próprio estilo de escrever. Estilo descoberto por mim mesmo. Nessa hora pensei: *Então basta escrever o japonês dessa forma*. A ficha tinha caído.

Algumas pessoas dizem que o meu texto parece traduzido. Eu não sei bem o que querem dizer com isso, mas acho que elas têm razão em certo sentido. Como eu literalmente *traduzi* para o japonês uma parte do livro que equivalia a mais ou menos um capítulo, acho que elas não estão completamente erradas. Mas esse foi apenas um procedimento prático. O meu objetivo foi criar um estilo *neutro* e dinâmico, eliminando qualificadores excessivos. Não quis escrever um texto em *japonês com poucas características japonesas*; procurei *narrar* o romance com a minha própria voz, usando um estilo o mais distante possível da *linguagem de romance* ou do *sistema de alta literatura*. Por isso precisei arriscar. Falando de forma extrema, talvez nessa hora o japonês não passasse de um instrumento funcional para mim.

Pode ser que algumas pessoas considerem o meu texto um insulto à língua japonesa. Já recebi esse tipo de crítica. Mas a língua é, por natureza, vigorosa. Possui uma força cultivada ao longo da sua longa história. Por mais que a tratem de forma rude e grosseira, não perderá sua autonomia. Todos os escritores têm o direito de experimentar as possibilidades da língua através de todas as formas imagináveis e ampliar ao máximo o limite de sua eficácia. Sem esse espírito aventureiro, nada de novo será criado. Em certo sentido a língua japonesa continua sendo um instrumento para mim. Sendo um pouco exagerado, acredito que buscar uma característica funcional na língua japonesa signifique contribuir para o seu renascimento.

De qualquer forma, eu reescrevi de cabo a rabo, usando o novo estilo adquirido, esse romance *sem muita graça* que tinha feito inicialmente. O enredo praticamente não mudou, mas o modo de narrar ficou completamente distinto. A impressão que tive depois da leitura também. Foi assim que escrevi *Ouça a canção do vento*. Não fiquei completamente satisfeito com o resultado. Ao relê-lo depois de concluído, achei que ainda estava imaturo e com muitos defeitos. Consegui expressar somente vinte ou trinta por cento do que eu queria, mas senti que havia concretizado uma *mudança importante*, pois havia concluído o meu primeiro romance de uma forma aceitável. Em outras palavras, acho que eu havia correspondido, à minha maneira, à epifania que tinha sentido no estádio de beisebol.

A sensação que eu tinha quando escrevia era mais próxima à de *tocar um instrumento musical* do que à de *escrever*. Até hoje guardo essa sensação na mente, com cuidado. Resumindo, talvez eu utilize as sensações corporais e não a cabeça para escrever: garantir o ritmo, encontrar um belo acorde e acreditar no poder da improvisação. Eu ficava animado escrevendo o romance (ou algo parecido com isso) sentado à mesa da cozinha no meio da noite, usando meu novo estilo recém-adquirido. Era como se eu estivesse diante de uma nova ferramenta. Era muito divertido. Eu estava com quase trinta anos e esse ato no mínimo preencheu o *vazio* que sentia no coração.

Acho que o leitor entenderia de forma mais fácil se pudesse comparar a obra *sem muita graça* escrita inicialmente e a *Ouça a canção do vento* que temos hoje, mas infelizmente joguei fora a obra inicial. Nem me lembro direito de como era. Eu deveria tê-la guardado, mas simplesmente joguei no lixo achando que não seria mais necessária. Lembro que não senti muito prazer em escrever essa obra inicial. Não foi agradável. Afinal, escrevi em um estilo que não havia nascido naturalmente de dentro de mim. Foi como se eu fizesse exercícios usando roupas do tamanho errado.

Certa manhã de domingo de primavera recebi a ligação do editor da *Gunzô* (revista literária mensal publicada pela editora Kôdansha) informando-me de que o meu romance estava entre os finalistas do prêmio de novos talentos. Isso aconteceu quase um ano depois do jogo no estádio Jingû, e eu já estava com trinta anos. Acho que eram mais de onze da manhã, mas, como havia trabalhado até tarde na noite anterior, eu ainda estava dormindo profundamente. Atendi a ligação, mas, como estava sonolento, não entendi direito o que a pessoa estava dizendo do outro lado da linha. Para falar a verdade, eu tinha esquecido completamente que havia enviado o meu romance ao departamento editorial da revista *Gunzô*. O meu desejo de *escrever algo* se acalmara completamente depois que concluí o romance e o entreguei. Eu nem imaginava que ele ficaria entre os finalistas, pois havia escrito o que vinha à minha cabeça, sem pensar muito, depois de ter mudado o meu estilo. Eu nem sequer tinha guardado uma cópia do manuscrito. Se não tivesse ficado entre os finalistas, o romance teria desaparecido para sempre. E talvez eu nunca mais tivesse escrito romances. A vida é, de fato, curiosa.

O editor me disse que cinco romances, entre eles o meu, estavam entre os finalistas. É mesmo?, pensei. Mas, como estava com sono, a ficha não caiu. Levantei da cama, lavei o rosto, me troquei e saí para caminhar com a minha esposa. Quando caminhávamos perto da escola primária Sendagaya, na avenida Meiji, vi um pombo-correio sob uma moita. Ao pegá-lo na mão, vi que ele estava com uma ferida na asa e tinha uma placa de metal com nome no pé. Eu o segurei com cuidado e o levei ao posto de polícia mais próximo, que ficava ao lado do Apartamento Dôjunkai de Aoyama (atual Omotesando Hills). Enquanto caminhávamos pelas ruas estreitas de Harajuku, o pombo ferido ficou tremendo levemente nas minhas mãos. Era um domingo muito agradável, e as árvores, os prédios e as vitrines das lojas resplandeciam à luz da primavera.

Nessa hora senti subitamente que eu ganharia o prêmio de novos talentos da *Gunzô*. Que eu me tornaria romancista e conquistaria certo sucesso. Pode parecer um grande atrevimento, mas por alguma razão eu tive essa certeza. Bem claramente. Foi mais uma intuição do que algo lógico.

Até hoje me lembro nitidamente da sensação do *algo* alcançando as minhas mãos naquela tarde de primavera no estádio Jingû, há mais de trinta anos. Guardo ainda nas mãos a lembrança do calor do pombo ferido que encontrei perto da escola primária, um ano depois, também numa tarde de primavera. Quando penso no significado de *escrever*, sempre me lembro dessas sensações. Quando me lembro delas, eu consigo acreditar que esse *algo* ainda existe dentro de mim e que ele está cultivando as minhas várias possibilidades. O fato de essas sensações continuarem dentro de mim até hoje é realmente maravilhoso.

A *sensação agradável* e o *prazer* que sentia enquanto escrevia o meu primeiro romance continuam praticamente inalteráveis. Acordo de manhã cedo, preparo o café na cozinha, coloco-o em uma caneca grande, levo-a para a minha mesa e ligo o computador (de vez em quando sinto saudades do papel e da grossa caneta-tinteiro da Montblanc que usei por muito tempo). E penso: *E agora, o que vou escrever?* Sinto uma grande felicidade nessa hora. Para ser sincero, escrever nunca foi um sofrimento para mim. Nunca me vi em apuros sem conseguir produzir (felizmente). Na verdade, acho que não tem sentido escrever se esse ato não for agradável. Não consigo entender a ideia de que escrever romances seja um sofrimento. Acho que romances devem ser escritos com facilidade, como se brotassem naturalmente.

Não me considero um gênio, de jeito nenhum. Nunca achei que eu tivesse um talento especial. Mas, como escrevo romances há mais de trinta anos e me sustento como escritor profissional, não devo ser completamente desprovido de talento. Acho que desde o início eu tinha uma espécie de aptidão, ou algo parecido com uma tendência ao ofício. Mas tenho para mim que pensar nessas coisas não me beneficiará em nada. Deixo esse tipo de julgamento por conta de outras pessoas — se elas existirem em algum lugar.

O que eu mais valorizei (e ainda valorizo) ao longo dos anos é o reconhecimento sincero de que "alguma força especial me *concedeu a chance* de escrever romances". Consegui agarrar essa oportunidade, tive muita sorte e me tornei romancista. Como resultado, recebi a *competência* de alguém que não sei quem é. Quero agradecer sinceramente pelo fato de as coisas terem sido assim. Quero cuidar com carinho dessa competência que me foi concedida — como quem cuida de um pombo ferido — e me alegrar simplesmente com o fato de poder continuar escrevendo romances ainda hoje. Com o futuro a gente se preocupa depois.

III. Sobre prêmios literários

Agora gostaria de falar sobre prêmios literários. Primeiro vou falar de um exemplo concreto: o prêmio Ryûnosuke Akutagawa* (conhecido como prêmio Akutagawa). Esse assunto é atual, direto e sutil, portanto um pouco difícil de ser tratado, mas acho que está na hora de dar a minha opinião, sem temer mal-entendidos. Falar do prêmio Akutagawa talvez signifique falar de prêmios literários de forma geral. E falar de prêmios literários talvez signifique falar de um dos aspectos da literatura contemporânea.

Um tempo atrás li o seguinte comentário sobre o prêmio Akutagawa numa coluna de certa revista literária: "O prêmio Akutagawa parece possuir uma magia muito forte. Um escritor fez escândalo porque não foi o vencedor, e isso aumentou ainda mais o prestígio do prêmio. Também houve escritor, como o sr. Haruki Murakami, que se afastou do círculo literário após não ter recebido o prêmio, demonstrando ainda mais a relevância da celebração". Quem assinava a coluna era um tal de Yûyû Sôma, que naturalmente deve ser pseudônimo de alguém.

Sim, de fato eu já fiquei entre os finalistas do prêmio Akutagawa duas vezes, há mais de trinta anos. Não ganhei em nenhuma das ve-

---

* Prêmio literário japonês criado em homenagem ao escritor Ryûnosuke Akutagawa. Existente desde 1935, é focado em obras da chamada "alta literatura" e privilegia autores em início de carreira. Dois vencedores são anunciados por ano, em janeiro e julho, juntamente com os ganhadores do prêmio Naoki — oferecido para obras de escritores veteranos da "literatura popular". Os dois prêmios desfrutam de bastante prestígio, recebem grande cobertura da mídia, e as obras vencedoras normalmente se tornam best-sellers. (N. T.)

zes. E, de fato, venho realizando o meu trabalho mantendo relativa distância do chamado círculo literário. Mas adotei essa postura não porque não ganhei (não consegui ganhar); foi porque desde o início eu não tinha interesse em me envolver nesse meio. Fico estarrecido, e acho até irresponsável, alguém encontrar uma relação de causa e efeito entre dois acontecimentos que não estão relacionados.

Ao ler essa coluna, alguém no mundo pode achar que é verdade: "É mesmo? Haruki Murakami sempre manteve distância do círculo literário porque não conseguiu ganhar o prêmio Akutagawa?". E, no pior dos casos, essa opinião pode se tornar comumente aceita. Para mim, fazer a distinção entre uma suposição e uma afirmação é o princípio básico para quem escreve um texto, mas será que estou enganado? Contudo, talvez eu deva comemorar, pois, apesar de a minha postura continuar a mesma, em vez de dizerem, como antigamente, "Murakami é ignorado pelo círculo literário", hoje dizem: "Murakami se afastou do círculo literário".

Um dos motivos de eu manter certa distância do círculo literário é que não tive a intenção de me tornar um escritor desde sempre. Eu levava uma vida bem comum e certo dia comecei a escrever um romance porque me deu vontade e, com ele, acabei ganhando o prêmio de novos talentos de uma revista literária. Até então eu não sabia quase nada sobre círculo literário e prêmios.

Nessa época eu tinha um *trabalho fixo*, meus dias eram muito corridos e eu não tinha condições de pensar em outra coisa que não fosse resolver cada um dos problemas à minha frente. Eu ficava sobrecarregado e não tinha tempo de me envolver em coisas que não fossem essenciais e indispensáveis. Depois que comecei a trabalhar exclusivamente como escritor, passei a ter um pouco mais de tempo, mas, por motivos pessoais, dormia cedo e acordava cedo, fazia exercícios todos os dias e portanto quase nunca saía à noite. Assim, nunca coloquei os pés em Shinjuku Golden Gai*. Isso não significa que eu

---

* Pequena área de Shinjuku, Tóquio, com bares e restaurantes, famosa por ser frequentada por escritores, editores, diretores de cinema, artistas etc. (N. T.)

tivesse alguma repulsa pelo círculo literário ou pelo local. Significa apenas que, nessa época, *por acaso*, eu não sentia necessidade nem tinha tempo de frequentar um lugar como esse, nem de aproveitá-lo.

Não sei se o prêmio Akutagawa "possui uma magia"; também não sei se ele "tem relevância"; nunca parei para pensar nisso. Além disso, não sei direito quem já ganhou esse prêmio e quem não. Isso nunca me interessou muito e hoje tenho pouco (ou melhor, cada vez menos) interesse. Se o prêmio Akutagawa possui mesmo algo parecido com magia, como o colunista da revista literária escreveu, parece que não chegou a mim. Ela deve ter se perdido em algum lugar e não conseguiu me achar.

Fiquei entre os finalistas do prêmio Akutagawa duas vezes, com as obras *Ouça a canção do vento* e *Pinball, 1973*, mas, para ser sincero (gostaria muito que o leitor acreditasse nas minhas palavras), eu achava que ganhar esse prêmio não fazia muita diferença.

Quando ganhei o prêmio de novos talentos da revista literária *Gunzô* com *Ouça a canção do vento*, senti uma alegria singela e verdadeira. Posso afirmar isso com convicção para o mundo inteiro. Esse acontecimento foi de fato revolucionário na minha vida por ter sido meu "ingresso" na carreira de escritor. Faz uma grande diferença ter o ingresso em mãos. Afinal, o portão estava se abrindo bem à minha frente. Eu achava que, depois de entrar, daria um jeito no resto. Naquele momento não estava em condições de pensar se ganharia ou não o prêmio Akutagawa.

Além disso, eu não estava muito satisfeito com as minhas duas obras iniciais. Quando escrevia, sentia que usava apenas vinte ou trinta por cento da minha capacidade. Como estava escrevendo romances pela primeira vez, eu não conhecia muito bem as técnicas básicas. Pensando agora, *não posso negar* que *manifestar apenas vinte ou trinta por cento da minha capacidade* possa ser considerado um *ponto forte* das obras. Mas, como autor, eu não estava completamente satisfeito com esses romances.

Assim, considerei que o prêmio tinha sido útil como um início. Mas achava que, se eu ganhasse *também* o Akutagawa com um romance desse nível, acabaria tendo que arcar com o peso da responsabilidade. Seria um exagero receber tanto reconhecimento no nível em que me encontrava. É pra tanto?, foi o que pensei.

Eu também pensava que, se dedicasse mais tempo a essa atividade, teria condições de escrever algo bem melhor. Talvez fosse muita prepotência para quem, até pouco tempo antes, nem imaginava que escreveria um romance. Concordo. Mas, sendo bem sincero, é só quem tem esse tipo de prepotência que normalmente consegue se tornar escritor.

Tanto *Ouça a canção do vento* como *Pinball, 1973* foram considerados pela mídia fortes candidatos ao prêmio Akutagawa, e os meus conhecidos também esperavam que eles ganhassem, mas, pelos motivos descritos anteriormente, fiquei aliviado por não terem vencido. Consegui imaginar o que os jurados pensaram quando decidiram não me dar o prêmio. Pelo menos não guardei nenhum tipo de rancor nem fiquei cismado comparando a minha obra com as de outros candidatos.

Como nessa época eu tinha minha espécie de jazz bar no centro de Tóquio e trabalhava nele quase todos os dias, achava que, se ganhasse o prêmio, me tornando o centro das atenções, ocorreriam confusões e problemas. Eu lidava diretamente com os fregueses, então não poderia fugir mesmo quando alguém com quem eu não quisesse me encontrar me procurasse — embora na prática eu tenha fugido de algumas pessoas que não suportava.

Depois de ficar duas vezes entre os finalistas do prêmio Akutagawa e não ganhar, os editores me disseram: "Sr. Murakami, acabaram suas chances. O senhor não será mais candidato ao prêmio Akutagawa". Eu lembro que pensei: *Acabaram? Como assim?* Via de regra, o prêmio é oferecido a escritores em início de carreira, e parece que depois de certo tempo os escritores são excluídos da lista. Segundo o colunista da revista literária que citei antes, há escritor que ficou entre os finalistas seis vezes, mas eu só tinha ficado duas. Não sei os motivos, mas, no meu caso, parece que o círculo literário e a indústria literária chegaram ao consenso de que "Murakami não pode mais concorrer ao prêmio Akutagawa". De repente isso se tornou uma certeza.

Mas não fiquei desapontado. Pelo contrário, me senti mais tranquilo. Como eu não precisaria mais me preocupar com o prêmio Akutagawa, acho que a sensação de alívio superou todas as outras. Para mim, ganhar o prêmio não fazia diferença, de verdade. Porém, quando eu ficava entre os finalistas, as pessoas à minha volta se inquietavam conforme a data da premiação se aproximava, e lembro que esse clima me incomodava um pouco. Havia certa expectativa acompanhada de uma pequena irritação. Além disso, o simples fato de ficar entre os finalistas já virava notícia, e isso provocava grande repercussão e também aversão por parte de alguns, e tudo isso me incomodava. Só fui indicado duas vezes, mas o incômodo foi extremo e, ao imaginar que isso poderia se repetir por vários anos, eu ficava bem deprimido.

O que mais me chateava eram as palavras de consolo que ouvia de todos. Quando saía a notícia de que eu não ganhara o prêmio, muitas pessoas me procuravam e diziam: "Foi uma pena, mas da próxima vez você com certeza vai ganhar. Boa sorte". Eu sabia que essas pessoas — pelo menos a maioria — eram bem-intencionadas, mas eu ficava sem ter o que responder e me sentia pouco à vontade. Assim, acabava respondendo de forma vaga: "Bem, sim...". Mesmo que eu respondesse: "Tudo bem, realmente não faço questão de ganhar...", ninguém acreditaria que eu estava sendo sincero.

O canal NHK também me aborrecia. Quando eu ficava entre os finalistas, eles me ligavam: "Se ganhar o prêmio, o senhor pode participar do nosso programa matinal no dia seguinte?". Como estava ocupado com o meu trabalho e não queria aparecer na TV (não gosto de aparecer em público), eu respondia que não, mas eles não desistiam. Alguns até perguntavam irritados: "Por que o senhor não quer participar?". Era sempre a mesma coisa, e esses aborrecimentos me incomodavam.

Às vezes me pergunto por que as pessoas se interessam tanto pelo prêmio Akutagawa. Há alguns anos, vi um livro intitulado *Por que Haruki Murakami não ganhou o prêmio Akutagawa?*, ou algo assim, em lugar de destaque na livraria. Como não li o livro, não sei o seu conteúdo — nem o próprio autor tem coragem de comprar um livro com um título desses, não é mesmo? —, mas acho curioso o fato de um livro com um título assim ser publicado.

Afinal, mesmo que eu tivesse recebido o prêmio no início da carreira, não creio que o destino da humanidade ou a minha vida seriam muito diferentes hoje. O mundo estaria praticamente igual e acho que eu também; continuaria escrevendo mais ou menos no mesmo ritmo em que venho fazendo há mais de trinta anos. Independentemente de ter vencido ou não o prêmio Akutagawa, as mesmas pessoas gostariam de meus romances ou se sentiriam irritadas ao lê-los (parece que irritar um considerável número de indivíduos é resultado da minha natureza, e isso não tem a ver com prêmios literários).

Se eu tivesse ganhado o prêmio Akutagawa, a Guerra do Iraque não teria acontecido: se fizesse tanta diferença assim, naturalmente eu me sentiria responsável, mas não é o caso. Então por que o fato de eu não ter ganhado o prêmio Akutagawa virou um livro? Não entendo. O fato de eu receber ou não o prêmio Akutagawa é tão insignificante quanto uma tempestade num copo d'água... ou melhor, nem chega a ser tempestade, não é sequer um redemoinho.

Pode ser que eu ofenda algumas pessoas falando assim, mas, para começar, o prêmio Akutagawa é algo oferecido por uma editora chamada Bungeishunjû. É um negócio — não quero dizer que seja promovido por motivos puramente comerciais, mas faz parte de uma empresa.

De qualquer forma, falando como romancista que está no ofício há bastante tempo, acho que uma vez a cada cinco anos, mais ou menos, surge uma obra que realmente mereça atenção entre os considerados novos escritores. Sendo um pouco mais indulgente no critério, uma vez a cada dois ou três anos. Mesmo assim, o prêmio Akutagawa é oferecido duas vezes por ano, e não podemos negar que tal frequência é exagerada. Naturalmente esse excesso não é um problema (o prêmio é, em maior ou menor grau, um incentivo, uma congratulação, e não há nada errado em ser oferecido em larga escala). Mas, de uma perspectiva objetiva, fico na dúvida se, pelo seu nível, esse prêmio merece tanto destaque da mídia, como se fosse um evento social. Acho que há certo desequilíbrio aí.

Mas, se falarmos disso, pode ser que comecemos a duvidar de todos os prêmios literários do mundo, não nos limitando ao Akutagawa: "Qual é o valor real deles?". Assim, não devemos continuar com essa discussão. Afinal, nenhum dos prêmios, desde o Oscar até o Nobel de literatura, possui critério objetivo de avaliação, com exceção de uns poucos cujo critério é exclusivamente numérico. Se quisermos encontrar defeitos, conseguiremos achar muitos. Se quisermos elogiar, encontraremos muitos motivos para isso.

Em carta, o escritor Raymond Chandler escreveu o seguinte sobre o prêmio Nobel de literatura: "Quero ser um grande escritor? Quero ganhar o prêmio Nobel de literatura? O que é o prêmio Nobel de literatura? Muitos escritores de segunda categoria receberam esse prêmio. Escritores que nem sequer me despertam vontade de ler. Para começar, se eu ganhar um prêmio desses, terei que ir a Estocolmo, usar roupa de gala e fazer um discurso. O prêmio Nobel de literatura merece tanto? Com certeza, não".

O escritor americano Nelson Algren (autor de *O homem do braço de ouro* e *Um passeio pelo lado selvagem*) ganhou a Medalha de Mérito do Instituto Nacional de Artes e Letras em 1974, com a forte influência de Kurt Vonnegut, mas faltou à cerimônia de entrega da medalha para ficar bebendo num bar com uma garota. Claro que fez isso de propósito. Quando lhe perguntaram o que havia feito com a medalha, ele respondeu: "Não sei... Acho que a joguei em algum lugar". Esse episódio é contado no livro *Touch and Go: A Memoir*, uma autobiografia de Studs Terkel.

Naturalmente esses dois escritores são exceções radicais, afinal sempre viveram com um estilo próprio e um consistente espírito desafiador. Creio que ambos sentiam ou queriam demonstrar que: "Para um escritor de verdade, há muitas coisas mais importantes do que prêmios literários". Uma delas é a sensação de estar produzindo algo significativo, e outra é a crença de que existem leitores — independentemente de quantos — que avaliam essa produção de forma justa. Se o escritor detectar essas duas sensações de forma concreta, os prêmios não terão importância. Eles serão apenas uma ratificação formal da sociedade ou do círculo literário.

Mas também é verdade que, na maioria das vezes, muitas pessoas só prestam atenção naquilo que possui *forma*. A qualidade de uma obra literária não possui forma, mas, se essa obra receber um prêmio ou uma medalha, passará a ser atrelada a algo concreto. E as pessoas vão poder prestar atenção nessa *forma*. Provavelmente o que irritava muito Chandler e Algren era esse formalismo que não tem nada a ver com o valor literário, e também o esnobismo autoritário de quem oferece o prêmio, dizendo: "Venha aqui buscar o prêmio que estamos oferecendo".

Toda vez que me perguntam sobre prêmios (por alguma razão ouço esse questionamento tanto no Japão como no exterior), procuro responder: "O mais importante é que se tenha bons leitores. Nenhum prêmio literário, nenhuma medalha, nenhuma resenha favorável possuem significado substancial se comparados com os leitores que compram os meus livros com o próprio dinheiro". Já dei essa resposta várias vezes, cansei de tanto repeti-la, mas quase ninguém me leva a sério. Na maioria das vezes sou ignorado.

Mas, pensando bem, talvez seja mesmo uma resposta sem graça. Pode parecer que é uma declaração educada, *só para inglês ver*. Eu também penso isso das minhas próprias respostas de vez em quando. Não é o tipo de comentário que desperte o interesse dos jornalistas. Contudo, por mais que a afirmativa seja sem graça e banal, não posso fazer nada, pois, para mim, é uma verdade sincera. Por isso eu repito a mesma coisa várias vezes. Quando os leitores usam seu dinheiro para comprar um livro meu, fazem isso sem qualquer segunda intenção. Eles (provavelmente) possuem apenas o desejo sincero de ler o livro. Ou uma expectativa. Sou grato a todos eles do fundo do coração. Comparado a esses leitores, esse negócio de prêmios... não, não há necessidade de fazer comparações citando exemplos concretos.

Nem preciso dizer que o que fica para a posteridade são obras, e não prêmios. Creio que poucas pessoas do mundo se lembram da obra que ganhou o prêmio Akutagawa dois anos atrás ou do escritor que ganhou o Nobel três anos atrás. Você lembra? Mas, se uma obra for realmente boa, ela resistirá ao teste do tempo e será lembrada para sempre. Quem se importa se Ernest Hemingway (ele ganhou, sim) ou Jorge Luis Borges o receberam (ele ganhou ou não?). O prêmio literário pode acrescentar brilho a uma obra específica, mas não consegue lhe oferecer vida. Claro, isso é uma coisa que nem precisa ser dita.

Será que eu perdi algo por não ter recebido o prêmio Akutagawa? Pensei um pouco a respeito, mas não me lembrei de nada que eu tenha deixado de aproveitar. Então será que eu ganhei alguma coisa por não ter recebido o prêmio? Bom, a meu ver não ganhei nada, também.

Mas tem uma coisa: acho que sou um pouco mais feliz pelo fato de o meu nome não vir acompanhado do *título* "vencedor do prêmio Akutagawa". Não passa de uma suposição, mas penso que, se o meu nome sempre viesse acompanhado desse título, eu teria a impressão de estarem insinuando: "Ah, então você está aqui porque teve a ajuda do prêmio Akutagawa", e ficaria um pouco incomodado. Como até hoje não ganhei nenhum título desses, eu me sinto mais leve e tranquilo. Não é tão ruim ser (e não passar de) um simples Haruki Murakami. Pelo menos, para mim, não é tão ruim assim.

Digo isso não porque guarde rancor pelo prêmio Akutagawa (vou repetir, não tenho nada parecido com esse sentimento dentro de mim), mas porque sinto um pequeno orgulho por ter conseguido escrever e viver até agora apenas com a minha *competência individual*. Talvez isso não seja grande coisa, mas, para mim, até que é importante.

É apenas uma estimativa, mas presumo que apenas cinco por cento da população total do Japão costume ler literatura por iniciativa própria. Essas pessoas podem ser consideradas leitores sólidos. Atualmente, fala-se de afastamento da leitura, da diminuição da quantidade de pessoas que leem, e acho que em parte isso deve ser verdade. Porém, imagino que esses cinco por cento vão continuar lendo mesmo que sejam proibidos por ordens superiores. Assim como os personagens do livro *Fahrenheit 451*, de Ray Bradbury, eles vão fugir da perseguição, esconder-se na floresta e decorar os livros... Mesmo que não cheguem a esse ponto, creio que vão continuar lendo escondidos em algum lugar. Claro que eu serei um deles.

Uma vez que o hábito de ler é adquirido — na maioria das vezes isso ocorre quando se é jovem —, não é tão fácil abandoná-lo. Por mais acessíveis que sejam o YouTube ou os games 3-D, a pessoa vai pegar um livro por iniciativa própria quando tiver tempo (e até sem tê-lo). Enquanto um entre vinte indivíduos no mundo continuar fazendo isso, não vou me preocupar seriamente com o futuro dos livros ou dos romances. No momento também não estou particularmente preocupado com os livros eletrônicos. A leitura pode ser feita em papel ou na tela (ou até oralmente, como em *Fahrenheit 451*), não importa por qual meio ou qual seja a sua forma. Se aqueles que gostam de ler continuarem lendo, para mim já é o suficiente.

A única questão que me preocupa gravemente é: *qual é o tipo de obra que vou poder oferecer para essas pessoas*? O resto não passa de questões adjacentes. Afinal, cinco por cento da população total do Japão já são seis milhões de pessoas. Com um mercado desses, creio que um escritor consiga sobreviver. Se voltarmos a atenção para o mundo, sem nos limitarmos ao Japão, naturalmente o número de leitores vai aumentar.

Entretanto, creio que os noventa e cinco por cento restantes têm poucas oportunidades de se relacionar diretamente com a literatura no seu dia a dia e essa frequência pode diminuir cada vez mais. O chamado *afastamento da leitura* pode se agravar. Mesmo assim, acho que por enquanto a metade desses noventa e cinco por cento (também apenas uma estimativa) tem algum interesse por literatura como um fenômeno sociocultural ou um entretenimento intelectual, e planeja ler um livro quando tiver oportunidade. São receptores passivos da literatura que, em termos eleitorais, seriam "eleitores indecisos". São justamente essas pessoas que precisam de uma espécie de vitrine. E por enquanto o prêmio Akutagawa é uma das coisas que desempenha (até hoje) o papel de vitrine. Ele é como o Beaujolais nouveau para os vinhos, o concerto de Ano-Novo de Viena para a música e a maratona de revezamento de Hakone* para as corridas. Naturalmente há também o prêmio Nobel de literatura. Mas esse assunto já é mais complicado.

Nunca participei do júri de prêmios literários. Isso não significa que eu não tenha recebido convites; eu sempre os recusei, dizendo: "Sinto muito, mas não tenho condições". Acho que não tenho competência para exercer essa função.

O motivo é bem simples: tenho uma visão própria do mundo e um processo interior muito específico para dar forma à minha visão. Como o meu modo de viver é consistente, para manter esse processo eu preciso ser uma pessoa autocentrada. Caso contrário, não consigo escrever direito.

Mas essa "medida" é só minha; pode ser adequada para mim, mas creio que não seja para outros escritores. Não quero dizer, de jeito nenhum, que desconsidero todas as formas de escrever que não sejam iguais à minha (naturalmente respeito muitas formas diferentes de escrever), mas algumas delas são incompatíveis ou incompreensíveis para mim. De qualquer forma, só consigo observar e avaliar com base na minha experiência. No bom sentido sou autocentrado, mas no mau sentido sou egoísta e egocêntrico. Se eu começar a avaliar a obra de outras pessoas de forma irresponsável, com base na minha experiência ou na minha "medida", acho que elas não vão gostar. Se for para avaliar as obras de escritores com reputação relativamente estabelecida, talvez não haja muito problema, mas não tenho coragem de decidir o destino de escritores em início de carreira com base na minha enviesada visão de mundo.

Alguns podem considerar, talvez com razão, que eu esteja abandonando minha responsabilidade social como escritor. Eu mesmo iniciei a carreira passando pela vitrine conhecida como prêmio de novos talentos da revista *Gunzô*, ganhando o ingresso. Se eu não tivesse

---

* Conhecida como "Hakone Ekiden", é uma corrida de revezamento interuniversitária que percorre o trajeto de ida e volta entre Tóquio e Hakone. Ela é realizada anualmente nos dias 2 e 3 de janeiro e transmitida ao vivo pela TV. (N. T.)

sido premiado, provavelmente não teria me tornado escritor. Talvez tivesse desistido e nunca mais teria escrito nada. Então, será que não tenho a obrigação de oferecer o mesmo serviço às gerações mais jovens? Mesmo que a sua visão de mundo seja um pouco enviesada, você não deveria se esforçar para adquirir o mínimo de objetividade, emitir o ingresso e oferecer uma chance para a geração mais nova? As pessoas que pensam assim devem ter razão. Talvez seja negligência minha não me esforçar para isso.

Mas quero que o leitor pense comigo: a obrigação mais importante de um escritor é continuar escrevendo para oferecer aos leitores obras com cada vez mais qualidade. Sou um escritor que está na ativa, ou seja, em desenvolvimento. Ainda tateio para descobrir o que estou fazendo e o que devo fazer daqui em diante. Posso dizer que estou arriscando a vida, lutando com uma espada na linha de frente do campo de batalha chamado literatura. O desafio que me foi atribuído é sobreviver e progredir nesse lugar. Ler e avaliar as obras de outras pessoas de forma objetiva e recomendá-las ou rejeitá-las assumindo certa responsabilidade não fazem parte do escopo do meu trabalho atual. Se eu executar esse trabalho com seriedade — caso seja para fazê-lo, naturalmente precisa ser com seriedade —, serão exigidos de mim consideráveis tempo e energia. O que significa que serão tomados de mim tempo e energia que deveriam ser dedicados ao meu trabalho. Para ser sincero, não tenho condições de me dedicar a isso agora. Deve haver pessoas que conseguem fazer bem as duas coisas ao mesmo tempo, mas estou ocupado o suficiente só de realizar os desafios a mim atribuídos no dia a dia.

Esse seu modo de pensar não é egoísta? Sim, naturalmente é um modo de pensar bem egoísta. Não tenho como contestar. Eu aceito as críticas com resignação.

Mas, por outro lado, nunca ouvi dizer que existe dificuldade para encontrar jurados de prêmios literários. Ao menos nunca ouvi falar de algum prêmio literário que tenha sido abolido por falta de jurados, apesar de todos os jurados reclamarem constantemente. Pelo contrário, acho que o número de prêmios literários no mundo está aumentando. Até tenho a impressão de que todo dia alguém recebe algum prêmio literário no Japão. Ou seja, mesmo que eu não aceite ser jurado, não vai haver uma redução no número de "ingressos" emitidos.

E outra coisa: se eu criticar a obra (candidata ao prêmio) de alguém e me perguntarem: "E quanto a suas obras? Quem é você para falar assim deste livro?", eu não terei como argumentar. Afinal, essa pessoa vai ter razão. Eu prefiro não ter que passar por isso.

Mas — quero deixar isso bem claro — não tenho a menor intenção de criticar os escritores na ativa (profissionais como eu) que atuam como jurados de prêmios literários. Deve haver pessoas que conseguem realizar a criação literária com seriedade ao mesmo tempo em que avaliam com considerável objetividade as obras de novos escritores. Elas não devem ter problemas em mudar a forma de pensar, trocar a chave do pensamento. E é fato que alguém tem que assumir esse papel. Eu tenho um sentimento de reverência e gratidão a essas pessoas, mas infelizmente não sou capaz de fazer o mesmo. Preciso de tempo para pensar e julgar e, mesmo que eu me demore nessa função, muitas vezes faço julgamentos errados.

Até agora vim procurando não me manifestar muito sobre prêmios literários em geral. Muitas vezes o fato de ser vencedor ou não basicamente não tem relação com o conteúdo da obra em si, mas, apesar disso, é um assunto bastante estimulante para o público em geral. Porém, como escrevi antes, li por acaso a pequena nota sobre o prêmio Akutagawa em uma revista literária e pensei que talvez fosse o momento de eu apresentar a minha opinião geral a respeito desses prêmios. Caso contrário, poderia haver mal-entendidos, que, se não forem corrigidos, podem se tornar senso comum.

Mas é muito difícil opinar sobre assuntos como esse (que, convenhamos, são delicados). Dependendo da situação, quanto mais sincero você for, mais falso ou arrogante vai parecer. A pedra que você atira pode voltar com mais força. Mas, apesar disso, em última análise acho que é mais vantajoso ser sincero, pois certamente alguns vão entender o que eu quero dizer.

A principal coisa que eu quero dizer é que, para um escritor, o mais importante é a *competência pessoal*. Os prêmios devem sustentar essa competência; eles não são resultantes do trabalho que o escritor realiza nem uma recompensa por isso. Muito menos uma conclusão. Se reforçar a competência do escritor de alguma forma, um prêmio será *bom* para esse escritor. Se isso não acontecer, ou se esse prêmio constituir um obstáculo ou causar problemas, infelizmente não poderá ser considerado *bom*. Foi por esse motivo que Algren jogou fora a sua medalha assim que a recebeu e que Chandler provavelmente teria se recusado a ir a Estocolmo — claro que não sei se ele realmente teria feito isso se houvesse de fato recebido o prêmio.

Assim, o valor do prêmio varia conforme a pessoa. Depende da sua opinião, dos seus motivos, do seu modo de pensar e de viver. Não podemos considerar que o prêmio tenha o mesmo valor para todas as pessoas, nem discutir como se de fato tivesse um valor concreto. É só isso que eu quero dizer sobre esse assunto: prêmios literários não podem ser discutidos de forma absoluta. Por isso, *não quero que discutam de forma absoluta*.

Bem, não deve adiantar nada eu fazer esse tipo de reivindicação aqui.

IV. Sobre originalidade

O que é originalidade?

Essa pergunta é muito difícil de ser respondida. O que é originalidade para uma obra de arte? Quais são os requisitos necessários para que uma obra seja original? Quanto mais buscarmos a resposta clara e direta para esta questão, mais confusos ficaremos.

O neurologista Oliver Sacks definiu a criatividade original da seguinte forma em *Um antropólogo em Marte*:

> A criatividade, como costuma ser entendida, acarreta não somente um "o que", um talento, mas um "quem" — fortes características pessoais, uma identidade forte, uma sensibilidade e estilo próprios, que escoam para o talento, fundem-se com ele, dando-lhe corpo e forma pessoais. A criatividade, nesse sentido, envolve a capacidade de originar, de romper com as maneiras existentes de olhar as coisas, mover-se livremente no domínio da imaginação, criar e recriar mundos inteiros na cabeça da pessoa — enquanto supervisiona tudo isso com um olho crítico interior.

É uma definição bastante sucinta, acertada e profunda, mas acabo cruzando os braços pensativo, pois uma definição tão categórica assim...

Se pensarmos em exemplos concretos, será mais fácil de compreender, e por enquanto vamos deixar de lado as definições e os argumentos diretos e enxutos. Por exemplo, os Beatles surgiram quando eu tinha quinze anos. Quando os ouvi pela primeira vez no rádio, se não me engano era "Please Please Me", lembro que fiquei arrepiado. Por que será? Porque era um som que eu nunca tinha ouvido antes e que era realmente *incrível*. Não consigo explicar direito o porquê em palavras, mas foi inacreditavelmente fantástico. Mais ou menos um ano antes, quando eu ouvira "Surfin' Usa", dos Beach Boys, pela primeira vez no rádio, também senti algo parecido: "Que sensacional!", "É completamente diferente das outras músicas!".

Agora percebo que, para dizer o mínimo, eles eram extremamente originais. Tinham um som que nenhuma outra banda tinha, produziam uma música que nunca tinha sido produzida até então e, além disso, a sua qualidade era incrivelmente alta. Eles tinham algo especial. Esse era um fato indiscutível que até eu, que tinha catorze ou quinze anos na época e ouvia um pequeno rádio transistorizado com um som péssimo (AM), consegui perceber de imediato. Foi bastante simples.

Mas a história não fica tão simples assim quando tentarmos verbalizar de forma lógica por que essas músicas são originais, que elementos as fazem ser diferentes de outras canções. Torna-se uma tarefa árdua. Era impossível para mim na época, quando eu tinha quinze anos, e é bastante difícil até hoje, quando já sou adulto e trabalho como escritor profissional. A explicação inevitavelmente tende a ser técnica, e, mesmo recebendo motivos lógicos, as pessoas talvez não se convençam. É mais fácil fazê-las ouvir a música. Se ouvirem, deverão compreender.

Mas já se passou meio século desde que surgiram as músicas dos Beatles e dos Beach Boys. Por isso é um pouco difícil de compreender hoje quão forte foi o impacto que elas nos causaram naquela época.

Naturalmente depois apareceram muitos músicos que foram influenciados pelos Beatles e pelos Beach Boys. E as músicas dessas bandas foram absorvidas pela sociedade como algo que possui um *valor absoluto*. Assim, mesmo que hoje em dia um rapaz de quinze anos ouça pela primeira vez as músicas dos Beatles ou dos Beach Boys no rádio e pense emocionado *Que incrível*, talvez não seja mais possível ter a sensação dramática de estar ouvindo algo realmente inédito.

Podemos dizer o mesmo do balé *A sagração da primavera*, de Stravínski. Na sua estreia em Paris, em 1913, a plateia não conseguiu compreender a sua originalidade, e ocorreu um tumulto. Todos ficaram boquiabertos com a música nada convencional. Porém, à medida que ela foi sendo executada, a confusão foi diminuindo, e atualmente ela é uma das mais tocadas em concertos. Mesmo ouvindo essa música hoje, não entendemos por que ela causou tanto rebuliço. Só podemos imaginar o choque que a sua originalidade deve ter causado no público: *Deve ter sido mais ou menos assim.*

Então a originalidade perde o seu brilho com o passar do tempo? Depende do caso. O impacto inicial da originalidade muitas vezes se perde com a aceitação e a familiarização mas, por outro lado, a obra será promovida a *clássico* (ou *quase clássico*) — é claro que isso só vai acontecer se ela for excelente, e tiver sorte. Assim, passará a ser respeitada por muitas pessoas. A plateia dos dias de hoje não fica confusa quando ouve *A sagração da primavera*, mas é possível que sinta a inovação e o vigor que transcendem o passar dos tempos. E essa sensação fica gravada na mente das pessoas como uma *referência* importante. Ou seja, ela se torna nutriente básico das pessoas que amam a música e parte do critério de avaliação de valores. Sendo extremo, existe uma diferença na profundidade de compreensão da música entre uma pessoa que já ouviu *A sagração da primavera* e quem nunca a ouviu. Talvez não dê para medir essa diferença concretamente, mas creio que ela exista.

No caso das músicas de Mahler, as circunstâncias são um pouco diferentes. As pessoas da época dele não as compreenderam direito. A maioria considerou suas composições "desagradáveis, feias, sem organização e repetitivas". Analisando hoje, o que Mahler tentou fazer foi "desconstruir" o formato em voga na época, chamado sinfonia, mas ninguém se deu conta disso. Nem os seus companheiros músicos deram muita importância a suas composições, considerando-as obsoletas e "cafonas". Como era um excelente maestro, Mahler era até certo ponto aceito pelo público. Depois de sua morte, a maior parte de suas músicas foi esquecida. As orquestras não queriam executá-las e a plateia também não fazia questão de ouvi-las. Somente os seus discípulos e poucos fãs continuaram executando-as para que não fossem completamente esquecidas.

Mas na década de 1960 houve uma expressiva retomada das músicas de Mahler, e hoje elas fazem parte de repertórios importantes, sendo indispensáveis em concertos. As pessoas gostam de ouvir as suas sinfonias. Elas são emocionantes, mexem com a mente e tocam forte o coração. Podemos dizer que nós, que vivemos a época atual, desenterramos a sua originalidade, transcendendo os tempos. Isso acontece de vez em quando. As maravilhosas sonatas para piano de Schubert quase não foram executadas enquanto ele estava vivo. Elas passaram a ser das mais tocadas em concertos só na segunda metade do século XX.

As músicas de Thelonious Monk também são bastante originais. Como nós — quero dizer, pessoas com pelo menos um pouco de interesse por jazz — as escutamos com frequência, hoje em dia não ficamos muito surpresos com o som. Pensamos apenas, *Ah, é a música do Monk*. Mas sua originalidade é evidente aos olhos de todos. A sonoridade e a composição são completamente diferentes das de outros músicos de jazz de sua época. Ele executa com estilo próprio as músicas com a melodia peculiar que ele mesmo criou. E elas tocam fundo o coração dos ouvintes. Por muito tempo a qualidade de suas músicas não foi reconhecida de forma justa, mas uns poucos fãs o apoiaram fortemente e, aos poucos, Monk passou a ser aceito pelo grande público. Assim, hoje as músicas dele são parte indispensável e óbvia do sistema de reconhecimento musical que temos dentro do nosso corpo. Em outras palavras, as suas músicas se tornaram *clássicas*.

Podemos dizer o mesmo sobre pintura e literatura. No início, as pinturas de Van Gogh e Picasso assustaram muito as pessoas e em alguns casos causaram até desconforto. Mas hoje acho que poucos ficam perturbados quando as veem. Pelo contrário, a maioria fica impressionada, recebe um estímulo positivo e se sente consolada quando está diante delas. Isso não significa que as obras deixaram de ser originais com o tempo; o que acontece é que a sensação das pessoas se identificou com essa originalidade que foi absorvida naturalmente no seu corpo como uma *referência*.

Da mesma forma, hoje os estilos de escrita de Soseki Natsume e de Ernest Hemingway são considerados um clássico e uma referência. Esses dois autores foram muito criticados pelas pessoas de sua época por causa dos seus estilos de escrita, chegando até a ser ridicularizados. Suas obras provocaram forte desconforto a muitas pessoas (da elite literária, na maioria). Mas hoje eles são considerados modelos a seguir. Sem a influência desses dois autores, tenho a impressão de que os estilos da literatura japonesa e da literatura americana contemporâneas seriam um pouco diferentes. Além disso, pode-se dizer que Soseki e Hemingway foram incorporados como parte da mente do japonês e do americano, respectivamente.

Como vimos até agora, é relativamente fácil analisar as obras que *foram originais* no passado. Na maioria das vezes, o que estava destinado a desaparecer já não é mais citado, e podemos avaliar com calma somente as obras que restaram. Mas, como muitos exemplos demonstram, não é fácil que nós ao mesmo tempo simpatizemos com a forma de expressão original que existe na atualidade e a avaliemos corretamente. Muitas vezes a originalidade pode parecer desagradável, antinatural, absurda — até antissocial, dependendo do caso. Ou ela pode parecer simplesmente ridícula. De qualquer forma, muitas vezes ela causa surpresa e, ao mesmo tempo, choque e aversão. Muitas pessoas odeiam instintivamente aquilo que não conseguem compreender e, para o establishment que conquistou a própria posição estando imerso até o pescoço naquilo que já existia, "o diferente" é um alvo a ser abominado. Pois a nova expressão pode destruir até o chão que elas pisam.

É claro que os Beatles desfrutavam de uma enorme popularidade principalmente entre os jovens, mas acho que o caso deles é especial. Isso não significa, porém, que suas músicas foram aceitas amplamente por todo o público da época. Elas eram consideradas músicas populares de sucesso momentâneo cujo valor seria bem inferior ao das clássicas. Muitos dos que pertenciam ao establishment se sentiam incomodados e sempre que tinham oportunidade expressavam a sua opinião sincera. Parece mentira, mas o corte de cabelo e as roupas dos membros dos Beatles na sua fase inicial tornaram-se um grande problema e foram alvo de ódio dos adultos. Ocorreram protestos em muitos lugares, onde discos foram quebrados e queimados. A qualidade excelente e o caráter inovador das canções só foram reconhecidos de forma justa pelo público muito tempo depois, quando o repertório da banda conquistou a sólida posição de *clássico*.

Quando Bob Dylan abandonou, em meados da década de 1960, o estilo *protest folk songs* (herdado dos seus precursores Woody Guthrie e Pete Seeger), caracterizado pelo uso de instrumentos acústicos, e passou a trabalhar com instrumentos elétricos, muitos de seus antigos fãs o insultaram, chamando-o de "judas" e "traidor que se vendeu para o capitalismo". Mas hoje quase ninguém o critica por conta dessa mudança. Se escutamos as suas músicas em ordem cronológica, compreendemos que essa transição foi necessária e natural para um artista com poder de reinvenção como Bob Dylan. Mas, para (algumas) pessoas da época que queriam confinar a sua originalidade na jaula restrita chamada *protest folk songs*, esse ato não passou de *traição*.

Os Beach Boys também foram uma banda bastante popular, mas seu líder, Brian Wilson, teve problemas psicológicos devido à pressão que sentia para produzir músicas originais e foi obrigado a ficar afastado por um bom tempo. E as músicas que vieram depois da obra-prima *Pet Sounds* não tiveram boa aceitação entre os ouvintes, que esperavam mais uma feliz *surf music*. Suas músicas foram se tornando cada vez mais complexas e incompreensíveis. Eu também fui deixando de ouvi-las aos poucos, pois fui perdendo o interesse. Ouvindo-as hoje, penso: É, essas músicas são maravilhosas e seguem esse tipo de tendência, mas, para ser sincero, na época não percebi essa qualidade. Quando a originalidade está viva e em movimento, dificilmente conseguimos captar a sua forma corretamente.

É apenas opinião minha, mas, para um determinado artista ser considerado *original*, ele precisa preencher os seguintes requisitos básicos:

1. Possuir um estilo próprio que seja visivelmente diferente do de outros criadores (pode ser som, estilo de escrever, forma ou cor). Só de vê-lo (ouvi-lo) um pouco, deve se reconhecer (quase que) instantaneamente que se trata de uma expressão sua.

2. Conseguir renovar o seu estilo por conta própria. O estilo precisa se desenvolver com o tempo. Não pode se manter no mesmo lugar para sempre. E deve possuir uma força de reinvenção espontânea.

3. Com o tempo esse estilo próprio precisa se tornar um padrão a ser absorvido pela mente das pessoas e deve ser incorporado como parte do critério de avaliação de valores. Ou precisa se tornar uma rica fonte de citação para os futuros artistas.

Naturalmente nem todos os requisitos devem ser preenchidos rigorosamente. Pode haver casos em que se atendam perfeitamente os itens 1 e 3, mas não totalmente o 2, ou em que se preencham os requisitos 2 e 3, mas não o 1. Apesar disso, acho que cumprir *em maior ou menor grau* esses três pontos pode ser determinante para que certa expressão seja considerada *original*.

Ao enumerar os requisitos, percebemos que nos casos 2 e 3 uma considerável *passagem do tempo* é um fator importante. Ou seja, a originalidade de um criador ou de uma obra só *pode ser avaliada corretamente depois de eles terem passado pelo teste do tempo*. Quando surge um artista com um estilo original que chama a atenção de muitos, mas este desaparece logo em seguida, ou as pessoas perdem o interesse, fica difícil afirmar que era *original*. Muitas vezes não passou de um "artista de um sucesso só".

Vi pessoas assim em várias áreas. Quando surgiram fiquei impressionado por serem inovadoras, mas elas acabaram desaparecendo sem que eu me desse conta. E me lembro delas só de vez em quando, "É, havia alguém assim". Provavelmente faltavam nelas forças para continuar e para se reinventar. Independentemente da qualidade do seu estilo, se o artista não produzir um considerável *volume*, ele *nem sequer será avaliado*. Certo número de amostras precisa ser reunido e observado de diferentes ângulos para que a originalidade do seu criador seja visualizada tridimensionalmente.

Por exemplo, se Beethoven tivesse composto apenas a *Sinfonia nº 9* durante toda a vida, provavelmente não teríamos uma ideia geral do tipo de compositor que ele foi. O significado e a originalidade dessa obra magnífica não seriam compreendidos isoladamente. Mesmo falando só das sinfonias, como temos as *amostras* de nº 1 a nº 9 em ordem cronológica, conseguimos compreender de forma tridimensional e sequencial quão extraordinárias são a *Sinfonia nº 9* e a sua indiscutível originalidade.

Eu desejo ser um *artista original*, assim como provavelmente desejam todos os outros criadores. Mas, como já disse, não sou eu quem decide isso. Por mais que eu fale em alto e bom som: "A minha obra é original!", ou por mais que os críticos e a mídia insistam: "Esta obra é original!", quase sempre essas vozes serão apagadas pelo tempo. A decisão sobre qual obra é original ou não deve ser delegada ao conjunto de pessoas que vão usufruir dela — os leitores — e à *passagem apropriada de tempo*. O que o escritor pode fazer é dedicar-se ao máximo para que suas obras permaneçam pelo menos como *amostras* cronológicas. Ou seja, acumular o maior número possível de obras satisfatórias, produzir *volume* que possua significado e criar de forma tridimensional um *acervo de obras*.

O que me consola, ou o que tem a possibilidade de me consolar, é o fato de que as minhas obras são odiadas e desprezadas por muitos críticos literários. Certo crítico de destaque me chamou de "falsário". Provavelmente ele quis dizer que eu "iludo os leitores apesar de não possuir nenhum conteúdo". Mas o trabalho de um romancista é parecido em maior ou menor grau com o de um ilusionista, e ser chamado de "falsário" talvez seja um elogio paradoxal. Talvez eu devesse comemorar, pensando: *Consegui!* Porém, sendo sincero, para aquele que está sendo chamado de "falsário" — na realidade essa palavra foi impressa e está circulando mundo afora —, não é algo muito prazeroso. Ilusionista é uma profissão, mas aplicar golpes é crime, e é um tanto indecoroso chamar alguém de falsário, em minha opinião (talvez não seja questão de decoro e sim da escolha da metáfora, que não foi cuidadosa).

Naturalmente houve pessoas do meio literário que demonstraram considerável respeito por minhas obras, mas foram poucas, e a sua voz, baixa. Acho que na indústria literária a voz que dizia "não" ao meu trabalho era muito mais alta do que a que dizia "sim". Imagino

— meio brincando, mas meio sério — que, se nessa época eu tivesse pulado num lago para salvar de afogamento uma senhora idosa, provavelmente teriam falado mal de mim: "É uma autopropaganda descarada", "A senhora com certeza sabia nadar", ou algo assim.

No começo eu não estava muito satisfeito com as minhas obras e achava que os críticos tinham razão: É, eles devem estar certos, eu pensava, ou melhor, geralmente não ligava muito. Mas, com o tempo, mesmo depois de eu passar a escrever obras que me deixavam satisfeito *até certo ponto* — claro que de fato só até certo ponto —, as críticas não diminuíram. Pelo contrário, parecia que a pressão do vento aumentava cada vez mais. Era como se uma bola de tênis fosse sacada e a seguir carregada para fora da quadra devido ao vento forte.

Ou seja, parece que as obras que eu escrevia, independentemente da sua qualidade, *continuaram causando desconforto* a um considerável número de pessoas. Naturalmente uma forma de expressão não é caracterizada como original só porque irrita as pessoas. Isso é óbvio. Na maioria das vezes *o que causa desconforto* simplesmente não passa de *algo errado*. Mas *pode ser que* causar desconforto *seja* uma das condições para uma obra ser original. Toda vez que recebia críticas, eu procurava pensar assim, de forma positiva. É melhor que os leitores reajam de modo firme, mesmo que negativo, do que apenas de forma branda e banal.

O poeta polonês Zbigniew Herbert disse o seguinte: "Para chegar à fonte, é preciso nadar contra a correnteza. Somente o lixo desce rio abaixo". São palavras bem encorajadoras.

Não gosto muito de generalizações, mas vou fazer uma (desculpe): quando algo diferente, incomum, é feito no Japão, isso sempre provoca muitas reações negativas. Não há dúvida quanto a isso. O Japão é, no bom e no mau sentido, um país que possui uma cultura que valoriza a harmonia (não provoca discórdias), e conserva uma forte tendência de concentração cultural. Em outras palavras, a estrutura tende a ser firme, e a autoridade tende a exercer o seu poder com mais facilidade.

Especialmente na literatura, a reputação das obras e dos escritores vem sendo definida minuciosamente, conforme o parâmetro "de vanguarda ou conservador", "direita ou esquerda", "alta literatura ou literatura popular", desde o fim da Segunda Guerra Mundial. E as revistas literárias publicadas por grandes editoras (a maioria de Tóquio) definiram a base da *literatura* e se puseram a ratificá-la oferecendo vários prêmios literários (ou seja, distribuindo "iscas"). Em meio a esse sistema sólido, não é fácil que um escritor *se rebele* sozinho. Afinal, afastar-se do parâmetro significa isolar-se dentro da indústria literária.

Iniciei minha carreira de escritor em 1979 e, nessa época, esse tipo de parâmetro funcionava perfeitamente bem na indústria literária. Ou seja, a *convenção* do sistema ainda mantinha a força de antes. Várias vezes ouvi dos editores: "Não temos precedentes", "Essa é a prática comum". Antes eu tinha a impressão de que escritores podiam fazer o que quisessem, sem restrições, que era uma profissão livre, e toda vez que ouvia isso eu ficava confuso: "Afinal, o que está acontecendo?".

Não gosto de conflitos e, sendo honesto, eu não tinha a menor intenção de contrariar a *convenção* ou as *regras não escritas* da indústria literária. Mas, como tenho uma opinião bastante autocentrada, desde o início decidira que faria as coisas do jeito que eu quisesse. Eu já havia me tornado romancista; e a vida é uma só. Eu achava que o sistema deveria seguir funcionando do jeito dele que eu continuaria trabalhando do meu. Pertenço à geração que passou pela chamada *era rebelde* do final dos anos 1960 e acho que a minha vontade de *não querer ser incorporado ao sistema* era bastante forte. Mas, ao mesmo tempo, ou melhor, antes de pensar nisso, eu já queria ser mentalmente livre, já que, mesmo sendo irrelevante, havia me tornado um criador. Queria escrever os romances que eu quisesse, do jeito que eu quisesse, seguindo o cronograma que mais combinasse comigo. Achava que esse era o mínimo de liberdade que eu deveria ter como escritor.

E desde o começo eu possuía uma ideia consideravelmente clara do tipo de romance que queria escrever. Tinha em mente a imagem do *romance ideal*: "Ainda não consigo escrever bem, mas o que eu quero mesmo escrever, no futuro, quando tiver maior habilidade, é esse tipo de romance". Essa imagem sempre pairava no céu, bem em cima da minha cabeça, e brilhava como a estrela Polar. Para visualizá-la, bastava olhar para cima. Assim, eu conseguia descobrir onde me encontrava e para onde deveria seguir. Sem esse ponto fixo, eu provavelmente teria ficado confuso e perdido muitas vezes.

Por ter passado por essa experiência, acredito que não seja necessário *acrescentar algo próprio* para encontrar um estilo ou um discurso pessoal e original; o necessário de fato é *subtrair algo*. Parece que viemos acumulando muita coisa ao longo da vida. Estamos sobrecarregados de informações, de bagagem, ou seja, as opções nos são oferecidas aos montes e, quando tentamos nos expressar, todo esse peso acaba sobrecarregando o motor. E não conseguimos mais nos mover. Nesse caso, temos que jogar fora o conteúdo desnecessário e limpar o sistema para que a nossa mente se torne mais livre e ágil.

Então, como separar o que é indispensável do que não é muito necessário e do que é completamente inútil?

Vou falar com base na experiência que tive. Acho que um critério bem simples é perguntar a si mesmo: "Eu me sinto feliz fazendo isso?". Se você está realizando uma atividade que considera importante para si mesmo, mas não consegue sentir prazer nem alegria com isso, não consegue sentir empolgação, provavelmente há algo errado, algo em desarmonia. Nesse caso, é preciso voltar à estaca zero e eliminar um por um os elementos desnecessários e artificiais que estiverem impedindo sua alegria.

Mas talvez isso não seja algo tão fácil de se colocar em prática, apesar de ser fácil falar.

Quando escrevi *Ouça a canção do vento* e ganhei o prêmio de novos talentos da revista *Gunzô*, um colega do ensino médio me procurou no bar que eu tinha na época e disse: "Eu também consigo escrever um romance daqueles". Claro que fiquei um pouco chateado quando ouvi isso, mas concordei com ele: "Acho que ele está certo. Provavelmente qualquer um consegue escrever um romance daqueles". Eu só tinha escrito o que viera à minha cabeça usando palavras simples, sem pensar muito. Não usei palavras difíceis, expressões rebuscadas, estilo refinado, nada disso. Ou seja, escrevi algo *fútil*. Entretanto, depois do nosso encontro, não ouvi ninguém comentar que esse meu colega escrevera um romance. Talvez ele tenha pensado: "Se o público aceita um romance fútil daqueles, não preciso me dar ao trabalho de produzir um", e por isso nunca o escreveu. Se for esse o caso, foi uma decisão dele.

Mas hoje penso que um "romance daqueles", como o meu colega disse, seja algo difícil de ser escrito por alguém que almeja ser romancista. Tenho essa impressão. Eliminar da mente todo conteúdo *desnecessário*, simplificar e reduzir fazendo a *subtração*, talvez não seja tão fácil de colocar em prática, apesar de parecer simples. Desde o começo eu não tinha a aspiração específica de *escrever um romance*, e talvez graças a essa falta de ambição eu tenha tido facilidade para escrever.

De qualquer forma, esse foi o meu ponto de partida. Comecei usando esse estilo simples, bem ventilado e por assim dizer *fútil*, e, a cada obra que produzia, fui aos poucos acrescentando conteúdo, à minha maneira, em um processo bastante demorado. A estrutura foi se tornando tridimensional e multifacetada e a armação foi ficando cada vez mais espessa, ou seja, fui criando condições para depositar aí uma narrativa maior e mais complexa. Consequentemente os romances foram se tornando maiores. Como já expliquei, eu tinha dentro de mim a imagem aproximada do romance que queria escrever no futuro, mas o processo de desenvolvimento da minha escrita foi natural, não intencional. Só fui perceber isso mais tarde: "Então as coisas fluíram dessa forma", e não foi algo planejado desde o início.

Se existe algo de original nos romances que escrevo, acredito que seja o fato de eu *ser livre*. Quando tinha 29 anos, pensei de súbito: *Quero escrever um romance*, de modo simples e sem nenhum motivo, e foi o que fiz. Por isso eu não tinha qualquer ambição nem restrição, do tipo: "Romances precisam ser escritos assim". Eu não sabia nada sobre a situação literária da época e (feliz ou infelizmente) não havia escritor veterano que eu respeitasse ou considerasse uma referência. Eu só queria escrever algo que refletisse o meu coração naquele momento — só isso. Como senti esse impulso franco e intenso, sentei-me à mesa e comecei a escrever sem pensar muito. Em outras palavras, acho que eu *não estava tenso*. Eu me senti feliz escrevendo e, nessa hora, senti que estava livre, que aquilo era natural.

Penso que na base dos romances que escrevo existe essa sensação de liberdade e espontaneidade (ou melhor, desejo que essas sensações existam). Isso é a minha força motriz. Na raiz de todo e qualquer ato de expressão deve haver sempre uma alegria rica e espontânea. Originalidade, em outras palavras, nada mais é do que a *forma* resultante do impulso de querer transmitir ao maior número de pessoas essa alegria sem restrições, essa sensação de liberdade, da forma mais natural possível.

Talvez esse impulso franco se manifeste quando a forma e o estilo são adquiridos natural e espontaneamente. Não é algo que possa ser criado por meio de artifícios. Uma pessoa de mente afiada pode quebrar a cabeça e resolver diagramas complexos, mas dificilmente conseguirá criá-lo e, mesmo que consiga, provavelmente ele não será sólido. Será como uma planta cujas raízes não estão firmemente presas ao solo. Em época de seca ela logo vai perder o vigor, murchar e morrer. Caso chova um pouco mais forte, será carregada juntamente com a terra.

Apenas uma opinião pessoal: se você deseja expressar algo livremente, talvez seja melhor mentalizar "Como será o eu que *não busca* nada?" em vez de pensar "O que eu busco?". Tentar encontrar a resposta para a questão "O que eu busco?" será sempre uma tarefa árdua. E, quanto mais pesado for o assunto, menos liberdade e menos agilidade haverá. E, sem agilidade, o texto perderá o vigor. Um texto sem vigor não atrai as pessoas — nem o próprio autor.

Em contrapartida, o "eu que não busca nada" é livre, ágil e leve como uma borboleta. Basta abrirmos as mãos e deixarmos que ela voe. Assim, o texto também ficará livre e ágil. As pessoas podem passar a vida inteira sem nunca se expressar. *Mesmo assim*, há algumas que desejam expressar algo. É dentro desse contexto do "mesmo assim" que talvez encontremos inesperadamente o nosso eu verdadeiro.

Venho escrevendo romances há cerca de 35 anos, sem parar, e nunca tive um *bloqueio criativo*, ou seja, nunca passei pela experiência de querer escrever mas não conseguir. Falando assim, pode parecer que tenho *talento de sobra*, mas não é bem isso. No meu caso, é simples: não produzo absolutamente nada quando não quero escrever, quando não tenho vontade. Só começo a escrever de forma decidida quando me dá vontade. Quando isso não acontece, normalmente trabalho com traduções (do inglês para o japonês). A tradução é basicamente um trabalho técnico e, independentemente de querer me expressar ou não, consigo render quase diariamente e, ao mesmo tempo, esse serviço é um bom treinamento para a escrita (se eu não fizesse traduções, provavelmente estaria envolvido em outra atividade semelhante). Outras vezes escrevo ensaios; quando tenho vontade. Faço um ou outro trabalho aqui e ali e procuro pensar de forma positiva: *Não vou morrer se parar de escrever romances.*

Mas, se fico um tempo sem escrevê-los, chega um momento em que penso: *Acho que já está na hora de voltar a produzir.* O material a ser expresso se acumula no meu interior, assim como a neve derretida se acumula nas barragens. E, um dia, quando não consigo mais me conter, sento-me à mesa e começo a escrever um novo romance (esse é o ideal). "Agora estou sem vontade de escrever um romance, mas, como recebi o pedido de uma revista, tenho que escrever, não tem jeito", isso nunca acontece comigo. Como não prometo nada, não tenho prazo. Por isso não passo pelo sofrimento de um bloqueio criativo. Nem preciso dizer que por isso me sinto bem mais tranquilo emocionalmente. Não há nada mais estressante para um escritor do que ter que escrever quando não está com vontade (ou será que não é bem assim? Será que sou especial?).

Voltando ao tema inicial, quando falo de *originalidade*, lembro-me de mim mesmo, na adolescência. Estou sentado na frente de um pequeno rádio antigo no meu quarto e escuto pela primeira vez Beach Boys ("Surfin' Usa") e Beatles ("Please Please Me"). O meu coração treme: "Que música incrível. Nunca ouvi nada parecido". Essas músicas abrem uma nova janela na minha alma e por ela entra um ar que eu nunca havia aspirado. Sinto uma alegria imensa e bastante natural. Fico livre de diversas amarras da realidade e parece que o meu corpo está flutuando alguns centímetros acima do chão. Para mim, *originalidade* deve ser assim. É muito simples.

Outro dia eu estava lendo o *New York Times* (2/2/2014) e encontrei o seguinte comentário sobre o surgimento dos Beatles: "Eles produziram um som novo, enérgico e claramente característico deles".

É uma definição bastante simples, mas talvez seja a mais compreensível sobre originalidade. "Ser novo, enérgico e claramente característico."

É muito difícil definir originalidade por meio de palavras, mas é possível descrever e também reproduzir o estado mental que ela proporciona. Sempre penso em produzir esse *estado mental*, se possível mais de uma vez, dentro de mim, escrevendo romances. Afinal, é uma sensação incrível. Ela é revigorante, como se surgisse mais um dia dentro do dia de hoje.

E desejo que, se possível, os meus leitores sintam a mesma coisa. Quero abrir uma nova janela na parede do seu coração e levar um ar novo até ele. É o que eu penso e desejo, sempre que estou escrevendo. Do fundo do coração, de forma bem simples.

v. E agora, o que devo escrever?

Em sua opinião, que tipo de treinamento ou hábito são necessários para que alguém se torne um escritor? Muitas vezes jovens me fazem esse tipo de pergunta. Praticamente em todo lugar do mundo. Acho que é porque muitos pensam: "Quero me tornar escritor", "Quero me expressar", mas essa questão é difícil de ser respondida. Eu sempre acabo cruzando os braços, pensativo.

Afinal, nem eu entendo direito como me tornei romancista. Não decidi quando era jovem: "No futuro quero ser escritor", não estudei para isso, não fiz treinamento especial, ou seja, não segui nenhum passo específico para me tornar romancista. Eu apenas estava fazendo várias coisas na vida, isso e aquilo, e, por impulso e por acaso, acabou acontecendo assim. A sorte me ajudou muito também. Lembrando disso agora acho até assustador, mas fazer o quê? Foi assim que aconteceu.

Mesmo assim, quando os jovens me perguntam, sérios: "Em sua opinião, que tipo de treinamento ou hábito são necessários para que alguém se torne um escritor?", não posso responder simplesmente: "Nem eu sei direito. Tudo depende do impulso e do acaso. A sorte também é importante. Pensando bem, é assustador, não é?". Se eu responder assim, vou desapontar a pessoa que me fez a pergunta. Além disso, posso estragar o momento. Por isso vou tentar encarar a questão a sério, de frente.

Em minha opinião, quem quer ser escritor precisa ler muito, antes de qualquer coisa. Peço desculpas pela resposta bastante trivial, mas acho que a leitura é o treinamento mais importante e indispensável para quem quer escrever. Para fazer um romance é preciso compreender, de forma quase física, como eles são formados. É uma coisa óbvia; é o mesmo que dizer: "Para fazer uma omelete, é preciso quebrar os ovos".

Especialmente quando se é jovem, deve-se ler o maior número possível de livros. Os excelentes, os não tão excelentes e até aqueles insignificantes, que não têm (nenhum) problema. O importante é ler tudo o que estiver ao alcance. Fazer passar pelo corpo o máximo de narrativas possíveis. Encontrar textos maravilhosos e outros de menor qualidade. Passar por essas experiências é o mais importante. Corresponde a criar a bagagem indispensável para um romancista. Recomendo focar nessa etapa enquanto ainda se tem uma visão boa e tempo de sobra. Escrever também deve ser importante, mas tenho a impressão de que pode ser deixado para mais tarde, que não vai haver nenhum problema.

Em seguida — provavelmente antes de começar a escrever de fato —, acho que é importante adquirir o hábito de observar detalhadamente os acontecimentos e fenômenos à sua frente. Olhar com cuidado e atenção as pessoas, enfim, tudo à volta. E refletir sobre tudo. Falei "refletir", mas não há necessidade de julgar as coisas, avaliar se estão corretas ou não. As conclusões devem ser deixadas pendentes, e adiadas pelo maior tempo possível. O importante não é chegar a uma conclusão, mas manter na mente a imagem nítida das coisas do jeito que são, da forma mais próxima possível da realidade, para que sirvam de *material*.

Há pessoas que analisam de forma sucinta e rápida as pessoas e coisas ao redor e em pouco tempo concluem: "Aquilo é assim", "Isso é aquilo", "Fulano é assim", mas, em minha opinião, essas pessoas não levam muito jeito para escrever romances. Elas se dariam melhor trabalhando como críticos ou jornalistas. Ou como (certos tipos de) estudiosos. Os que têm aptidão para ser romancistas são aqueles que, apesar de concluírem ou estarem prestes a concluir na própria mente que "aquilo é assim", precisam de um tempo para pensar melhor: "Não, espere um pouco. Talvez seja só impressão minha". Eles pensam também: "Acho que as coisas não podem ser definidas tão facilmente. Se surgir um novo fator no futuro, a conclusão vai mudar 180 graus".

Acho que pertenço ao segundo grupo. Existe o fato (bastante relevante) de que não consigo pensar muito rápido, mas já passei várias vezes pela experiência dolorosa de concluir algo com urgência e descobrir depois que eu não estava certo (estava errado ou um pouco equivocado). Assim, passei vergonha, me vi em situações constrangedoras e tive que fazer rodeios desnecessários. Acho que por isso fui criando dentro de mim, aos poucos, o hábito de "procurar não chegar a uma conclusão às pressas" e "procurar passar o maior tempo possível pensando". Não é uma tendência inata, mas adquirida por experiência, depois de ter passado por muitos apuros.

No meu caso, quando acontece alguma coisa, não tento chegar imediatamente a uma conclusão. Em vez disso, minha mente procura reter as experiências, as cenas e as pessoas exatamente como são (na medida do possível). Eu as encaro como *casos*, ou seja, amostras. E isso para que mais tarde, quando estiver mais calmo e com mais tempo, possa analisar com cuidado, observando essas memórias de diversos ângulos, e só então chegar a uma conclusão, se for necessário.

Mas parece que o número de vezes que precisamos concluir algo é bem menor do que imaginamos, e digo isso por experiência própria. Até tenho a impressão de que, *na verdade*, nós não necessitamos tanto de conclusões, seja em curto seja em longo prazo. Por isso, quando leio jornal ou vejo TV, fico intrigado: *Ei, para que chegar a tantas conclusões assim, uma depois da outra?*

Será que a sociedade não é rápida demais em exigir um julgamento? Em decidir se uma coisa é "certa ou errada"? Claro, acredito que nem tudo pode ser adiado. Alguns assuntos precisam ser decididos rapidamente. Por exemplo, temos que nos posicionar com urgência para decidir se "a guerra vai eclodir ou não", ou se "a usina nuclear vai ser ligada amanhã ou não". Caso contrário, a situação ficará difícil. Mas acredito que esse tipo de decisão não é tão comum. Se o tempo para reunir as informações e chegar a uma conclusão for ficando cada vez mais curto (e se todos se transformarem em comentaristas de notícia ou críticos), o mundo vai se tornar ainda mais ríspido e tenso. Ou vai ficar muito perigoso. Nas pesquisas de opinião, muitas vezes há a opção "nem sim nem não", e sempre acho que poderia existir a alternativa "*por enquanto*, nem sim nem não".

Bom, deixando a sociedade de lado, acredito que, na medida do possível, uma pessoa que almeja ser escritora deve aceitar as amostras como elas aparecem, e acumulá-las, em vez de tentar chegar a uma conclusão rápida. É importante criar dentro de si certa *margem* para que um grande volume de matérias-primas seja depositado. Eu disse "na medida do possível" e "como elas aparecem", mas na realidade é impossível memorizar todas as coisas detalhadamente. A nossa capacidade de memorização é limitada. Por isso torna-se necessária uma seleção mínima, algo como um processamento de informações.

Muitas vezes procuro memorizar alguns detalhes interessantes de um fato, uma pessoa ou um fenômeno. Já que é difícil lembrar de todas as coisas exatamente como são (mesmo que eu conseguisse, acabaria esquecendo logo em seguida), procuro extrair alguns detalhes concretos e específicos, e guardá-los na memória de modo que seja fácil acessá-los mais tarde. Essa é a *seleção mínima* de que falei.

Que tipo de detalhes? Detalhes concretos e interessantes que me surpreendam. De preferência algo que não tenha uma boa explicação. Se for algo que não tem lógica, sutilmente inconsistente, que deixa você com a pulga atrás da orelha, misterioso, então... perfeito. Eu coleto esses detalhes, colo neles um rótulo simples (com data, local e circunstâncias) e os guardo na minha mente, ou melhor, na gaveta que existe ali. É claro que esses detalhes podem ser registrados em um caderno, mas eu prefiro simplesmente guardá-los na mente. Dá trabalho andar sempre com um caderno e, se eu fizer alguma anotação nele, posso acabar me dando por satisfeito e esquecendo. Jogo várias coisas na memória pois assim as que devem desaparecer desaparecem, e as que devem permanecer permanecem. Prefiro essa seleção natural da memória.

Gosto do seguinte episódio: quando entrevistou Albert Einstein, o poeta Paul Valéry perguntou "O senhor está sempre com um caderno para anotar suas ideias?". Einstein se mostrou verdadeiramente assustado e respondeu com calma: "Não, não preciso disso. Quase nunca tenho ideias".

Pensando bem, já que chegamos a esse assunto, raramente aconteceu que eu pensasse: *Ah, como seria bom se eu tivesse um caderno aqui...* E, além do mais, quando colocamos as coisas importantes na memória, elas não são esquecidas facilmente.

De qualquer forma, quando escrevo romances, uso bastante essa rica coleção de detalhes. Sei por experiência própria que os julgamentos inteligentes e sucintos e as conclusões lógicas não são muito úteis para quem escreve romances. Na verdade, eles muitas vezes obstruem o fluxo natural da narrativa. Mas se inserirmos diversos detalhes guardados de forma desordenada nas gavetas do cérebro, do jeito que realmente são e conforme a necessidade, a narrativa se tornará surpreendentemente natural e vívida.

Em que casos isso acontece?

Bem, não consigo me lembrar de um bom exemplo agora, mas... Vamos supor que você conheça uma pessoa que, por alguma razão, começa a espirrar quando está seriamente irritada. E, uma vez que essa crise começa, ela não consegue mais parar. Não conheço ninguém assim, mas imagine que você conheça. Diante de uma situação dessas, uma das alternativas seria analisar e conjecturar os motivos fisiológicos ou psicológicos: *Por que isso acontece? Por que ela começa a espirrar quando fica irritada?*, e levantar uma hipótese, mas geralmente não encaro os fatos dessa forma. Apenas penso: É, existe gente assim e só; a minha mente não vai além disso. *Não sei o porquê, mas essas coisas acontecem*, é só isso que penso. E esse episódio fica gravado como *uma coisa* única. Nas gavetas da minha mente estão reunidas muitas memórias desse tipo. Algo como memórias *fora de contexto*.

James Joyce afirmou de forma sucinta que "imaginação é memória". Eu concordo. Ele está corretíssimo. Imaginação é, de fato, uma combinação de memórias fragmentadas e fora de contexto. E isso pode parecer semanticamente contraditório, mas, *combinadas de forma eficaz*, as memórias fora de contexto possuem intuição própria e previsibilidade. E elas deveriam ser a força motriz da narrativa.

De qualquer forma, há esse grande armário dentro da nossa (pelo menos da minha) mente. E dentro das gavetas estão guardadas diversas memórias. Existem gavetas grandes e pequenas. Também há gavetas com fundo falso. Quando escrevo um romance, escolho uma entre as muitas gavetas, conforme a necessidade, e retiro o material de lá para usar como parte da narrativa. O armário possui muitas gavetas, mas, quando estou concentrado escrevendo um romance, me vem automaticamente à cabeça o tipo de material que há em cada uma delas e, assim, consigo encontrá-lo de pronto, de forma inconsciente. A memória esquecida volta natural e espontaneamente. Quando a mente atinge esse estado de grande versatilidade e liberdade, a sensação é muito boa; a imaginação se desprende da minha vontade e começa a agir de modo livre e ganhando forma. Nem é preciso dizer que a informação contida nas gavetas é um rico e insubstituível recurso para mim como escritor.

No filme *Kafka* (1991), dirigido por Steven Soderbergh, há uma cena em que o personagem Franz Kafka, interpretado por Jeremy Irons, se infiltra num castelo assustador (naturalmente inspirado no livro *O castelo*), onde encontra um armário com inúmeras gavetas. Quando vi essa cena, lembro que pensei: *Talvez isso se pareça com a estrutura do meu cérebro*. O filme é bem interessante; se tiver oportunidade de assistir, preste atenção nessa cena. A minha mente não é tão assustadora assim, mas pode ser que a composição básica seja parecida.

Também escrevo ensaios, mas decidi que, enquanto estiver fazendo ficção, não vou trabalhar em outro gênero, exceto em casos especiais. Isso porque posso precisar abrir alguma gaveta e acabar usando a informação contida nela antes de fazer isso na ficção. Por exemplo: "Ah, no ensaio daquela revista já escrevi sobre a pessoa que não conseguia parar de espirrar quando ficava seriamente irritada". Claro que não há problema em usar o mesmo material num ensaio e num romance, mas é que quando isso acontece tenho a impressão de que a ficção fica menos rica. Por isso, enquanto escrevo ficção, prefiro deixar o armário todo reservado para ela. Como não sei quando nem o que vai ser necessário, procuro economizar o máximo de materiais que puder. Essa é uma sabedoria que adquiri com a experiência, depois de anos escrevendo ficção.

Depois que escrevo ficção, sobram muitas gavetas que ainda não foram abertas, materiais que não foram usados (excedentes, digamos assim), que eu aproveito para escrever alguns ensaios. Mas para mim ensaios são como as latinhas de chá oolong que uma fábrica de cerveja produz, ou seja, uma ocupação secundária. Deixo as memórias realmente fascinantes reservadas para a próxima ficção, que é a minha ocupação principal. Quando os materiais vão se acumulando, parece que brota dentro de mim um desejo natural: "Quero escrever ficção!". Por isso busco guardar os materiais com o máximo de cuidado.

Voltando a falar sobre filmes, em *E. T., o extraterrestre*, de Steven Spielberg, há uma cena em que o E. T. junta uns entulhos que estavam na garagem e improvisa um comunicador. Você lembra? Não me recordo direito dos detalhes pois faz muito tempo que assisti, mas ele combina aleatoriamente artigos domésticos como guarda-chuva, luminária, pratos, toca-discos etc., e constrói o aparelho rapidamente. Apesar de improvisado, o artefato funciona bem, e o E. T. consegue se comunicar com seu planeta natal, a muitos anos-luz de distância. Fiquei impressionado com aquela cena e, na minha opinião, acho que excelentes romances são feitos daquele jeito. A qualidade dos materiais não é muito importante. O indispensável é a *mágica*. Ela pode criar um "aparelho" incrivelmente sofisticado, mesmo se tivermos apenas materiais cotidianos e usarmos somente palavras simples.

Mas, de qualquer forma, cada um de nós precisa ter a própria *garagem*. Mesmo que sejamos capazes de usar a mágica, é impossível criar algo significativo a partir do nada. Precisamos ter um estoque de *entulhos* para que, quando o E. T. aparecer de repente e disser: "Desculpe, será que posso usar algumas coisas da sua garagem?", possamos abrir a porta e responder: "Claro, pode usar tudo à vontade".

Quando tentei escrever meu primeiro romance, não sabia como começar; nada me vinha à mente. Não vivi a guerra como a geração dos meus pais, não presenciei a confusão do pós-guerra nem passei fome como a geração logo antes da minha, não vivi nenhuma revolução (apenas uma *quase* revolução, mas não tenho muita vontade de falar sobre essa experiência) nem fui vítima de maus-tratos ou discriminações terríveis. Cresci em um lar comum de assalariados, num bairro residencial relativamente tranquilo do subúrbio, não tinha insatisfações nem passei necessidades, não era especialmente feliz mas também não era triste (o que deve significar que eu era mais ou menos feliz) e tive uma adolescência normal, sem nada de peculiar. As minhas notas não eram lá grande coisa, mas não chegavam a ser baixas. Olhando à minha volta, não havia nada que me fizesse pensar: *Tenho que registrar isso de qualquer jeito!* O que não significa que eu não quisesse me expressar, escrever algo, mas é que não havia materiais *substanciais* que me despertassem a vontade de escrever. Assim, até completar 29 anos, nunca pensei que eu pudesse escrever romances. Não tinha matéria-prima nem talento para criar algo do zero. Eu achava que romances existiam apenas para serem lidos. Por isso, apesar de ler muitos romances, nunca imaginei que um dia fosse escrevê-los.

Acho que a geração que é jovem hoje está passando por uma situação semelhante. Ou melhor, talvez o material *a ser escrito* tenha diminuído ainda mais, comparado com o da época em que eu era jovem. Então, o que fazer nesse caso?

Para mim, não há outra opção a não ser adotar o *método E. T.* Abrir a garagem, juntar tudo (mesmo que só encontre entulhos nada atraentes) e fazer uma mágica dando o melhor de si: "Plim!". Essa é a única maneira de entrar em contato com outros planetas. Você terá que dar o melhor de si usando tudo o que estiver ao seu alcance. Se for bem-sucedido nessa tarefa, terá em mãos um grande potencial: você consegue *usar a mágica* (sim, o fato de conseguir escrever romances significa que você é capaz de se comunicar com seres de outros planetas. É sério!).

Quando comecei a escrever o meu primeiro romance, *Ouça a canção do vento*, fui tomado por um sentimento muito forte : "A minha única opção é escrever que *não tenho nada para escrever*". Ou melhor, achei que deveria usar como arma o fato de *não ter nada para escrever* e partir dessa premissa. Caso contrário, eu não teria como competir com os autores das gerações anteriores. Assim, tentei criar uma narrativa com as coisas que tinha à minha disposição.

Para isso, foram necessários um novo estilo de escrita e uma nova linguagem. Precisei criar um veículo que os escritores anteriores nunca tivessem usado. Como não abordava (não conseguia abordar) assuntos pesados como guerra, revolução e fome, eu teria que usar materiais mais simples, e para isso precisava de um veículo leve que fosse, ao mesmo tempo, ágil e flexível.

Depois de várias tentativas (falei sobre isso no capítulo II), finalmente consegui criar um estilo. Era uma improvisação imperfeita, havia falhas em alguns lugares, mas não havia outro jeito, era o meu primeiro romance. As falhas poderiam ser corrigidas mais tarde, aos poucos, se eu tivesse a chance.

O que procurei fazer naquele livro foi *não explicar*. Fui jogando dentro do recipiente chamado romance os vários fragmentos de episódios, imagens, cenas e palavras, um a um, e os combinei dando forma a eles. Tentei combiná-los sem me preocupar com a lógica comum ou a linguagem literária corrente. Esse foi meu procedimento básico.

Para realizar esse trabalho, a música me foi bastante útil, em especial o jazz. Fui criando o meu texto como se estivesse tocando uma música. Como todos sabem, o mais importante no jazz é o ritmo. Um ritmo preciso e consistente deve ser mantido do começo ao fim. Caso contrário, os ouvintes não vão acompanhar a canção. Em seguida vêm os acordes, no que podemos chamar de harmonia. Acorde elegante, acorde difuso, acorde derivado, acorde sem o som básico, acorde de Bud Powell, de Thelonious Monk, de Bill Evans, de Herbie Hancock. Há vários tipos de acorde. Todos usam o mesmo tipo de piano com 88 teclas, mas é impressionante como os sons variam conforme o músico. E esse fato indica uma coisa importante: mesmo que a narrativa seja criada com materiais limitados, ainda existem possibilidades infinitas (ou quase infinitas). A afirmação "Não podemos criar nada de novo no piano porque ele só possui 88 teclas" não é verdadeira.

E, por fim, há a improvisação livre. Esse é o fundamento do jazz. Criar livremente sobre a base de um ritmo e de um acorde (ou de uma estrutura harmônica) consistentes.

Não sei tocar instrumentos musicais. Ou, pelo menos, não toco tão bem a ponto de poder me apresentar em público. Mas tenho um forte desejo de fazer isso. Então, no começo, pensei: devo escrever como se estivesse tocando uma música. Ainda hoje parto dessa premissa. Enquanto digito, sempre busco um ritmo correto, procuro um som e um tom adequados. São fatores importantes da minha escrita de que não vou abrir mão.

* * *

Minha experiência me faz pensar que, quando a gente parte do princípio de que *não tem nada para escrever*, o motor do veículo leva um tempo para ligar, mas depois que ele adquire força motriz e começa a avançar o resto fica mais fácil. Isso porque *não ter assunto sobre o qual escrever* significa *conseguir escrever qualquer coisa, de forma livre*. Mesmo que você só tenha materiais *leves* em quantidade limitada, se aprender a mágica das combinações, conseguirá criar quantas narrativas desejar, de forma *ilimitada*. E conseguirá construir coisas surpreendentemente *pesadas e profundas* — isso se, claro, você se tornar um expert nesse trabalho e mantiver um nível saudável de ambição.

Em comparação, os escritores (claro que nem todos) que começam com um material pesado tendem a ser *derrotados por seu peso*. Por exemplo, aqueles que começaram escrevendo sobre guerra passam, depois de escreverem algumas obras sobre esse tema, por uma fase em que ficam temporariamente paralisados: "E agora, o que devo escrever?". Naturalmente alguns decidem mudar o foco, encontram um novo tema e crescem ainda mais como escritores. Mas há outros que não conseguem se desviar e perdem cada vez mais força, o que é lamentável.

Ernest Hemingway é sem sombra de dúvida um dos escritores mais influentes do século XX, mas a opinião comumente difundida é de que "suas primeiras obras são as melhores". Também gosto mais dos primeiros romances, *O sol também se levanta* e *Adeus às armas*, e dos contos da fase inicial em que o personagem Nick Adams aparece. O incrível vigor dessas obras nos deixa sem fôlego. As obras da segunda metade da sua carreira também são bem escritas, mas o potencial diminui paulatinamente e a escrita perde vivacidade. Imagino que seja porque a força da escrita de Hemingway provinha dos próprios materiais. Justamente por isso ele se voluntariou para lutar nas guerras (Primeira Guerra Mundial, Guerra Civil Espanhola e Segunda Guerra Mundial), foi caçar e pescar na África, e era apaixonado por touradas. Ele sempre precisou de estímulos externos. Seu modo de viver se tornou lendário, mas o dinamismo que provém da experiência foi diminuindo. É só uma suposição, mas acredito que foi por isso que, apesar de ganhar o prêmio Nobel de literatura em 1954, ele se afogou na bebida e acabou com a própria vida em 1961, quando ainda desfrutava de grande popularidade.

Em comparação, escritores que conseguem criar a própria narrativa sem depender do peso dos materiais talvez não passem por tantas dificuldades. Basta que eles explorem a imaginação, incorporando os episódios que acontecem naturalmente à sua volta, as cenas que veem no dia a dia e as pessoas com quem se encontram como material. É uma *energia naturalmente renovável*. Esses escritores não precisam lutar na guerra, participar de touradas ou caçar guepardos e onças.

Por favor, não me interpretem mal: não quero dizer que as experiências de guerra, tourada e caça não têm significado. Claro que têm. É importante que um escritor passe por várias experiências, sejam lá quais forem. Mas, mesmo sem passar por nada extremo, as pessoas conseguem escrever romances. Dependendo da abordagem, pode-se extrair uma força incrível de uma pequena experiência, por mais insignificante que ela pareça ser.

Há uma expressão em japonês que diz "quando árvores afundam e pedras flutuam", e ela é usada para acontecimentos fora do comum. No mundo da literatura (e talvez no da arte) muitas vezes acontece esse tipo de inversão de valores. O que era considerado leve pela sociedade adquire com o tempo um peso que não pode ser ignorado, e o que era considerado pesado perde seu valor, tornando-se vazio. A força invisível e infinita chamada criatividade, com a ajuda do tempo, é o que possibilita essa inversão drástica.

Assim, mesmo que você pense: *Não possuo os materiais necessários para escrever romances*, não precisa desistir. Se mudar um pouco a perspectiva, o modo de ver as coisas, perceberá que muitos materiais estão espalhados à sua volta. Eles só estão esperando que você os perceba, recolha e utilize. Através da ação humana, mesmo os materiais que parecem mais insignificantes podem servir como fonte infinita de criação. O mais importante, vou repetir, é *não perder o nível saudável de ambição*. Essa é a chave.

* * *

Há muito tempo defendo a seguinte teoria: uma geração não é superior a outra. Apesar de estereótipos serem comuns, estou certo de que são vazios e sem sentido. Não há geração melhor ou pior. Naturalmente as tendências são diferentes, mas quanto à qualidade não há nenhuma diferença. Ou, se há, ela é insignificante.

Por exemplo: a geração de hoje talvez seja um pouco menos capacitada para ler e escrever ideogramas kanji do que as gerações anteriores (não sei se realmente é). Mas, se falarmos da habilidade de compreensão e processamento da linguagem de computador, sem dúvida ela é superior. É isso que quero dizer: cada geração tem seus pontos fortes e fracos. Só isso. Portanto, para criar algo, cada geração deve aproveitar ao máximo seus *pontos fortes*. Basta usar a sua linguagem como arma e registrar o que for mais claro aos seus olhos, usando palavras que lhe forem familiares. Não há necessidade de se sentir inferior nem superior em relação a outras gerações.

Quando comecei a escrever romances, há 35 anos, fui severamente criticado pela geração anterior: "Isso não é romance", "Isso não pode ser considerado literatura". Devido a esse clima pesado (ou melhor, irritante) eu saí do Japão, morei muito tempo fora e escrevi romances do jeito que eu queria, sem ruídos. Durante esse tempo nunca duvidei do que estava fazendo nem fiquei ansioso. Pensava de forma otimista: Só consigo escrever desta maneira, então não tenho outra opção a não ser escrever assim. Qual é o problema? Eu também achava que os meus romances tinham falhas, mas que provavelmente conseguiria escrever obras de melhor qualidade em breve. Quando chegasse esse dia, a época seria outra e certamente seria comprovado que o que eu vinha fazendo não estava errado. Apesar de parecer arrogante, eu acreditava nisso.

Hoje, olhando à minha volta, não sei dizer se isso foi mesmo comprovado. Na literatura, as coisas podem ficar para sempre sem comprovação. De qualquer forma, hoje, assim como 35 anos atrás, mantenho a convicção quase inabalável de que o que faço não está errado. Talvez daqui a 35 anos as circunstâncias sejam outras, mas acho que, pela minha idade, não vou acompanhar isso com os meus próprios olhos. Será que alguém poderia conferir no meu lugar?

* * *

Em resumo, acredito que cada geração possui materiais próprios de sua época a partir dos quais pode escrever romances, e *considerando* o formato e o peso deles podem-se definir a forma e as funções do veículo que irá carregá-los. A originalidade do romance é alcançada na correlação entre o material e o veículo.

Cada geração possui uma forma própria de encarar a realidade. Mas acho que reunir e acumular cuidadosamente os materiais necessários para uma narrativa continuará sendo um trabalho extremamente importante para o escritor, independentemente da época.

Para concluir: se você deseja escrever um romance, observe atentamente seu entorno. O mundo pode parecer monótono, mas está cheio de diamantes brutos, atraentes e misteriosos. Romancistas são aqueles que conseguem identificá-los. E, ainda melhor, eles são oferecidos quase *gratuitamente*. Se você tiver um bom par de olhos, conseguirá escolher e coletar livremente essas pedras preciosas brutas.

Existe uma profissão mais fascinante do que essa?

VI. Ter o tempo como aliado ao escrever romances

Trabalho como escritor profissional há cerca de 35 anos e já escrevi ficção de vários tipos e tamanhos: romances longos que precisaram ser divididos em alguns volumes (*1Q84*, por exemplo), romances não muito longos de um só volume (como *Após o anoitecer*), contos de tamanho médio, e também minicontos. É como um esquadrão que possui quase todos os tipos de embarcações: desde couraçado, cruzador e contratorpedeiro até submarino (naturalmente as minhas obras não têm nenhum cunho bélico). Cada embarcação tem as próprias funções, e cada uma está alocada de forma que complemente outra, constituindo um todo. O formato que escolho para escrever ficção depende da minha disposição do momento. Não faço um revezamento periódico, sigo o meu coração, ou seja, deixo as coisas fluírem naturalmente. Fico livre para escolher o recipiente conforme o movimento ou a demanda do meu coração em cada período: "Acho que está na hora de escrever um romance" ou "Estou com vontade de escrever contos outra vez". Não fico indeciso na hora de escolher. Consigo decidir o formato com facilidade. Quando chega a hora de escrever algo em determinado formato, me concentro e não penso em outras formas.

Mas em última análise, me considero um *romancista*. Também gosto de escrever contos; quando os escrevo, fico absorto na atividade e sinto afeição pelo que componho. Mesmo assim, acredito que meu principal campo de batalha seja o romance, onde minhas especificidades, minha peculiaridade como escritor, se manifestam de forma mais clara — e provavelmente melhor (se alguém discordar, não tenho a menor intenção de rebater). Faço mais o tipo corredor de longa distância e, para que várias coisas possam ganhar forma de modo abrangente, necessito de consideráveis quantidades de tempo e espaço. Em analogia com um avião, quando quero fazer algo que realmente me interessa, preciso de uma longa pista de decolagem.

O conto é um veículo ágil e bastante manobrável que pode abarcar os detalhes que não conseguem ser tratados adequadamente nos romances. Nele podemos experimentar tanto na linguagem quanto no enredo, assim como lançar mão de materiais que só podem ser usados em contos. Quando sou bem-sucedido, consigo dar forma a vários aspectos que existem na minha mente de forma natural, como se recolhesse sombras sutis com uma rede fina. Contos podem ser escritos com rapidez. É só me esforçar que consigo terminá-los em alguns dias, sem muita preparação, e sinto como se escrevesse tudo em uma pincelada só. Há épocas em que necessito desse formato leve e flexível mais do que qualquer outra coisa. Mas (no *meu caso*, quero deixar isso claro) no conto não há espaço para inserção completa de tudo o que possuo.

Quando tento escrever algo que terá um grande significado para mim, ou seja, quando procuro criar uma *narrativa abrangente que pode provocar uma revolução dentro de mim*, necessito de um espaço amplo e livre, sem restrições. Primeiro, verifico se possuo esse espaço, em seguida certifico-me de que a energia acumulada dentro de mim é suficiente para preenchê-lo e só então começo o trabalho de longo prazo. Abrindo a torneira o máximo possível, por assim dizer. A sensação de plenitude que sinto nessa hora é inigualável. É algo especial que só sinto quando começo a escrever um romance.

Por isso o romance é vital para mim, e eu até diria que, no meu caso, escrever contos é um treinamento, um passo importante e necessário antes de escrever romances. Talvez eu seja como um corredor de longa distância que, apesar de obter resultados relativamente satisfatórios em corridas de cinco ou dez quilômetros, segue tendo a maratona como objetivo principal.

Neste capítulo eu gostaria de falar sobre escrever romances. Ou melhor, explicar de forma concreta como escrevo ficção, tomando o romance como exemplo. Do mesmo jeito que o conteúdo de cada narrativa é diferente, o método de escrever, o local de trabalho e o tempo gasto também são distintos. Mas, mesmo assim, me parece que em geral a sequência e as regras básicas quase não mudam. Para mim, é como um negócio corriqueiro, *business as usual*. Em certo sentido, só consigo escrever um romance quando me obrigo a seguir determinado padrão e delimito o espaço da vida pessoal e do trabalho. Como é uma empreitada de longo prazo que exige uma quantidade extraordinária de energia, preciso criar uma estrutura sólida. Caso contrário, posso acabar perdendo o fôlego no meio do caminho.

A primeira coisa que faço quando vou escrever um romance é deixar minha área de trabalho completamente limpa (em sentido figurado). Crio uma estrutura que me permite "não fazer nada além de escrever um romance". Se nesse período eu estiver escrevendo ensaios para alguma revista, interrompo-os por um tempo. E só em último caso aceito outros trabalhos. Quando me dedico seriamente a algo, não consigo fazer outra coisa. Muitas vezes faço traduções em paralelo, sem prazo definido, no meu ritmo, só que faço isso não por dinheiro, mas sim para espairecer um pouco. Tradução é um trabalho bastante técnico, e nela uso uma parte do cérebro diferente da que uso para escrever romances. Por isso a tradução não atrapalha em nada o ato de escrever romances. É como se fosse um alongamento dos músculos: fazer a tradução simultaneamente é eficaz para manter o equilíbrio do cérebro.

Pode ser que meus colegas de profissão digam: "Você fala coisas levianas assim, mas, para me sustentar, preciso aceitar diversos trabalhos". "Como vou sobreviver enquanto estiver escrevendo romances?" Mas estou falando apenas do meu caso. Na verdade os escritores deveriam receber um adiantamento das editoras, mas no Japão não há esse sistema — e talvez as editoras não tenham condições de fazer isso. Sempre escrevi romances dessa maneira, desde a época em que os meus livros não vendiam muito. Houve um período em que fiz serviços que não tinham nada a ver com a literatura, todos os dias (era quase um trabalho braçal), para pagar as minhas contas. Mesmo nessa época, eu não escrevia por encomenda. Com poucas exceções no início de carreira (que foi uma fase de tentativas e erros, já que meu estilo de escrever ainda não estava estabelecido), não faço praticamente nenhuma outra coisa quando estou escrevendo romances.

Depois de um tempo passei a escrever a maioria dos meus romances no exterior, pois quando estava no Japão outros afazeres (ou ruídos) acabavam aparecendo. Fora do país, eu conseguia me concentrar na escrita sem precisar pensar em mais nada. Quando começo um romance, fase importante para definir o padrão de vida que vou seguir, sinto que é melhor sair do Japão. Em meados da década de 1980 saí do país pela primeira vez e, nessa época, ainda me sentia inseguro e preocupado: "Será que consigo sobreviver fazendo isso?". Sou um pouco descarado, mas mesmo assim precisei ser firme na hora de tomar uma decisão, escolher um caminho e seguir nele. Prometi a uma editora que escreveria um livro de viagens (que foi lançado no Japão com o título *Tambores distantes*) e recebi um adiantamento por ele, o que não era comum. Eu gastava as minhas economias pagando contas.

No meu caso, ser firme na decisão e buscar novas possibilidades foi a escolha certa e o resultado, positivo. Foi uma surpresa quando o romance *Norwegian Wood*, que escrevi na Europa, se tornou best-seller, e graças a isso consegui estabilizar minha vida e criar um sistema que me permitisse continuar escrevendo romances. Nesse sentido, acho que tive sorte. Mas, apesar de parecer prepotente, acho que as coisas não aconteceram só por sorte. A minha decisão e o meu desprendimento também foram fatores importantes.

Quando escrevo um romance, imponho uma regra a mim mesmo: produzir cerca de dez páginas de 400 caracteres de manuscrito japonês por dia. No computador isso equivale a cerca de duas folhas e meia, mas, por hábito, calculo com base no manuscrito. Não escrevo mais do que isso nem quando estou inspirado, e me esforço para escrever esse tanto mesmo quando estou sem inspiração. Pois, para um trabalho de longo prazo, a regularidade é muito importante. Não conseguirei alcançar isso se escrever um grande volume de forma impulsiva quando estiver inspirado e descansar quando não me sentir inspirado. Então escrevo cerca de dez páginas manuscritas por dia, como se eu tivesse que bater o cartão de ponto.

Talvez digam: "Um artista não deve fazer isso, como se trabalhasse numa fábrica". Sim, talvez um artista não deva trabalhar assim.

Mas por que um escritor tem que ser um artista? Quando isso foi decidido, e por quem? Ninguém decidiu isso. Nós podemos escrever romances da forma como desejarmos. Para começar, se pensarmos: *Não preciso ser um artista*, nos sentiremos bem mais leves. Um escritor deve ser uma pessoa livre antes de ser um artista. Fazer o que gosta, quando gosta, do jeito que gosta: essa é a definição de pessoa livre para mim. Prefiro ser uma pessoa comum e livre a me tornar um artista e me preocupar com a opinião dos outros, sujeitando-me a formalidades inconvenientes.

Karen Blixen disse: "Escrevo um pouco todos os dias, sem expectativa, sem desespero". Assim como ela, escrevo dez páginas todos os dias. Calmamente. "Sem expectativa, sem desespero" é uma descrição perfeita. Levanto cedo, preparo o café e escrevo durante quatro ou cinco horas. Se escrever dez páginas manuscritas por dia, são trezentas páginas por mês. São mil e oitocentas páginas em meio ano, fazendo um cálculo rápido. Por exemplo, a primeira versão de *Kafka à beira-mar* tinha mil e oitocentas páginas de manuscrito. Escrevi principalmente em North Shore, Kauai, no Havaí. Além de ser um lugar onde não se tem absolutamente nada para fazer, choveu muito na época, então consegui adiantar bastante o trabalho. Comecei a escrever no início de abril e concluí o livro em outubro. Lembro bem porque comecei a escrever no início da temporada da liga japonesa de beisebol profissional, e a série final de partidas estava começando quando terminei de escrever. O campeão desse ano foi o Yakult Swallows, comandado pelo técnico Wakamatsu. Como torço para eles há muito tempo, fiquei bem animado porque o meu time tinha ganhado e eu havia concluído o meu romance. O único porém foi que quase não pude assistir aos jogos no estádio Jingû porque passei a maior parte do tempo na ilha Kauai.

Quando termino de escrever um romance, outro jogo se inicia, mas não tem a ver com beisebol. Para mim é aí que começa a parte *gostosa*, com a qual *vale a pena* gastar muito tempo.

Quando termino de escrever a primeira versão do original, dou um tempo (a duração varia, mas geralmente descanso cerca de uma semana) e então começo a primeira revisão. Reescrevo tudo desde o começo. Nessa fase faço grandes alterações em toda a obra. Por mais longo e complexo que seja o romance, não faço um planejamento inicial; desenvolvo a narrativa na base do improviso, escrevendo o que me vem à cabeça sem saber como será o desenvolvimento ou o final. É bem mais divertido assim. Mas escrevendo dessa forma surgem muitas incoerências. Às vezes a construção e o caráter dos personagens mudam completamente no meio do romance. Acontece haver contradições cronológicas. Na revisão preciso corrigir cada uma dessas incoerências para tornar a narrativa consistente e lógica. Às vezes corto uma grande parte do texto, expando outra e acrescento novos fatos aqui e ali.

No caso de *Crônica do pássaro de corda*, eliminei capítulos inteiros pensando: *Essa parte não combina com o restante da obra*. Com base neles, escrevi outro romance bem diferente (*A sul da fronteira, a oeste do sol*). Mas esse é um caso extremo; geralmente a parte eliminada nunca mais é usada.

Levo cerca de um ou dois meses para fazer essa primeira revisão. Depois descanso por mais ou menos uma semana e começo a segunda revisão. Aqui também reescrevo tudo desde o início. Só que presto mais atenção nos detalhes e reescrevo com maior cuidado. Por exemplo, incluo descrições detalhadas do cenário e ajusto o tom dos diálogos. Verifico se há alguma parte que não combina com o desenrolar do enredo e torno mais compreensíveis as partes difíceis, para que fiquem mais fluidas e naturais na leitura. Essa fase não é uma grande operação, mas sim uma série de pequenas cirurgias. Depois descanso mais um pouco e então começo outra revisão, na qual não faço mais cirurgias, somente correções. Nessa fase é importante determinar quando a amarra será apertada ou afrouxada.

O romance é uma *história longa* e, se a amarra ficar apertada do começo ao fim, os leitores vão se sentir sufocados. Por isso é importante afrouxar o texto aqui e ali. É preciso considerar uma margem para respiração. Melhorar o equilíbrio entre os detalhes e o todo. Eu dou uma pequena ajustada no texto com base nessa perspectiva. Às vezes os críticos analisam um trecho de um romance e dizem "Não se deve escrever algo tão desleixado assim", mas, a meu ver, essa não é uma atitude muito justa. Afinal, romances necessitam de partes desleixadas e frouxas. Graças a elas, as partes condensadas conseguem obter o efeito esperado.

Depois dessa fase, costumo descansar por um bom tempo. Procuro deixar o romance guardado na gaveta por quinze dias ou um mês e até esqueço que ele existe. Ou me esforço para esquecer. É quando viajo ou me concentro em traduções. Naturalmente o tempo que uso para escrever é importante, mas o tempo em que não faço nada também é. Em fábricas ou na construção civil, existe a fase de "cura" — quando os produtos ou materiais são deixados de molho para tomarem ar ou endurecerem bem. Acontece o mesmo com romances. Se o período de cura não for suficiente, teremos um produto frágil que não secou bem ou cujos materiais não foram bem misturados.

Depois de deixar o romance de molho por tempo suficiente, a obra fica com um aspecto bem diferente. Então começo novamente a revisar os pequenos detalhes, e os defeitos antes despercebidos ficam bem mais nítidos. Consigo distinguir se há ou não profundidade nela. Isso significa que, assim como a obra, a minha cabeça passou pela "cura".

Assim, a obra ficou tempo suficiente na "cura" e foi reescrita. Na fase seguinte, a opinião de outra pessoa se torna muito importante. No meu caso, quando o livro já assumiu certa forma, mostro-o primeiro para a minha esposa. É assim praticamente desde que comecei a escrever. Para mim a opinião dela é como o *tom de referência* da música, é como a caixa de som velha que tenho em casa (me desculpe!). Escuto todo tipo de música nessa caixa, mas ela não é nada esplêndida. Comprei-a na década de 1970, da marca JBL, e, apesar do tamanho, ela é bem limitada se comparada a modelos de última geração e alta qualidade. A nitidez do som também não é grande coisa. Ela é quase uma antiguidade. Mas, como escutei muitas músicas assim, o som dela é o meu padrão. Estou acostumado com ele.

O que vou falar agora talvez ofenda algumas pessoas, mas no Japão os editores profissionais são funcionários de uma empresa e podem ser transferidos para outro departamento a qualquer momento. É claro que há exceções, mas, em geral, eles se tornam encarregados de determinado escritor por ordem superior, e não dá para saber até quando se pode contar com eles. A relação com minha esposa é diferente, e por isso a chamo de "ponto fixo de observação". Como a conheço há muito tempo, compreendo até certo ponto (porque é impossível compreender alguém por completo) as nuances do seu comentário: "Ela teve essa impressão e quis dizer isso por causa daquilo".

Mas isso não significa que aceito a opinião dela facilmente. Afinal de contas, passei bastante tempo escrevendo um longo romance e, apesar de ter esfriado um pouco a cabeça na fase de cura, ela ainda está quente. Por isso, se recebo críticas, fico irritado. Fico emotivo. Às vezes temos discussões intensas. Talvez essa seja uma das vantagens de discutir com a minha esposa, pois eu não poderia ser tão emotivo com um editor, que nunca é uma pessoa muito próxima. Normalmente não sou muito emotivo, mas nessa fase acabo ficando. Ou, melhor dizendo, tenho necessidade de descarregar as emoções.

Concordo com as críticas da minha esposa em alguns pontos e penso: *Ela tem razão, talvez ela esteja certa*. Bem, às vezes levo alguns dias para pensar assim. Mas em outras discordo. Por isso estipulei uma regra pessoal para o processo de *introduzir outra opinião*: sempre reescrever a parte em que foi apontado algum defeito, seja ele qual for. Mesmo que eu não concorde com as críticas, reescrevo todas as partes em que foi apontado algum defeito. Se não concordo com alguma sugestão, reescrevo mesmo assim, mas de forma completamente diferente da sugerida.

Independentemente do que reescrevo, quando refaço um trecho com cuidado e o leio depois, costumo concluir que ficou melhor. Na maioria das vezes em que apontam algum defeito em meu livro, destacam *algum tipo* de problema daquele trecho. Ou seja, o fluxo do romance está de alguma forma obstruído, em maior ou menor grau. O meu trabalho é eliminar essa obstrução. É o escritor quem decide como eliminá-la. Mesmo que eu pense: *Esse trecho está perfeito. Não há necessidade de reescrevê-lo*, eu me sento à mesa, em silêncio, e o reescrevo. Porque na realidade um texto nunca está "perfeito".

Nessa fase não reescrevo tudo. Eu me concentro apenas nas partes que foram criticadas. Em seguida, peço para minha esposa ler o trecho, discutimos novamente e, se houver necessidade, reescrevo. Depois o mostro à minha esposa e, se ela ainda não estiver satisfeita, reescrevo. Quando essa fase é concluída, leio novamente a obra do começo ao fim para verificar o fluxo geral e fazer ajustes. Faço correções quando percebo que o tom se perdeu por causa das alterações. Só depois é que mostro os originais ao editor. Nessa hora a minha cabeça já não está mais tão quente e consigo reagir de modo consideravelmente frio e objetivo às críticas.

Aconteceu algo curioso quando eu estava escrevendo *Dance dance dance*, no final da década de 1980. Escrevi quase todo o romance em um processador de textos portátil da Fujitsu que eu estava usando pela primeira vez. Boa parte foi escrita em um apartamento em Roma, mas o final foi escrito em Londres. Salvei o trabalho em um disquete e fui para Londres, mas, chegando lá, descobri que um capítulo inteiro havia sumido. Provavelmente eu tinha feito alguma coisa errada, já que ainda não estava familiarizado com o aparelho. Bom, isso acontece com frequência. É claro que fiquei chateado. Foi um grande choque para mim. O capítulo era longo e eu estava confiante, achando que estava bem escrito. Não consegui me conformar.

Mas eu não podia ficar me lamentando para sempre. Tentei me animar e reproduzi o texto que tinha escrito com muito sacrifício algumas semanas antes, sempre perguntando: *Será que era desse jeito?* E, assim, consegui reproduzir o capítulo inteiro. Mas, depois que o livro foi lançado, o capítulo original que tinha sumido reapareceu (ele estava em uma pasta completamente inusitada). Isso também é uma coisa que acontece com frequência, não é? Eu o li com receio: *E agora? O que faço se essa versão estiver melhor?*, mas concluí que a segunda versão tinha ficado indubitavelmente melhor.

O que quero dizer aqui é que todo texto possui margem para aprimoramentos. Por mais que o autor pense que está bem escrito e perfeito, o trecho pode ser melhorado. Por isso, quando vou reescrever, procuro me desprender ao máximo do orgulho e da arrogância e esfriar um pouco a cabeça. Mas quando ela fica muito fria não consigo reescrever nada, então preciso tomar certo cuidado. Crio uma estrutura para poder resistir a críticas, aguentar ao máximo e me conter quando souber de comentários desagradáveis. Depois que o livro é lançado, procuro simplesmente manter o meu ritmo e não dar muita importância a críticas. Se me preocupar com todas as críticas, meu corpo não aguentará (é sério mesmo). Mas quando estou escrevendo preciso acatar com humildade e coração aberto as críticas e os conselhos que recebo de pessoas próximas. Essa sempre foi minha teoria.

Sou escritor há muitos anos e algumas vezes senti que certos editores não combinavam muito comigo. Não acho que eram pessoas más, e talvez até fossem bons editores para outros escritores, mas eles não combinavam muito com as minhas obras, é isso que eu quero dizer. Era comum eu ficar de testa franzida enquanto ouvia a opinião deles e, sendo sincero, às vezes até ficava nervoso. Mas tanto eu quanto eles estávamos trabalhando, e tínhamos que administrar a situação da melhor forma possível.

Certa vez, um editor que "não combinava" muito comigo apontou algum problema num trecho do romance em que eu estava trabalhando e o reescrevi. Mas, na maioria das vezes, fazia exatamente o contrário do que ele tinha me aconselhado. Por exemplo, reduzi a parte que ele havia dito para que eu expandisse e aumentei a parte que ele tinha recomendado cortar. Pensando agora, fui imprudente, mas o resultado foi positivo. Acho que o romance ficou melhor. É uma contradição, mas, para mim, ele foi um editor útil. Pelo menos me ajudou muito mais do que aqueles que só dizem coisas "agradáveis". Acredito mesmo nisso.

Ou seja, o importante é o *ato* de reescrever. E acima de tudo, a decisão do escritor é fundamental. Pensar *vou reescrever essa parte para que fique melhor*, sentar-se à mesa e se concentrar para mexer no texto. Comparado a isso, a forma como ele é *reescrito* talvez seja secundária. Muitas vezes o instinto e a intuição do escritor são extraídos não da lógica, mas da determinação. É como mexer em uma moita com um pedaço de pau e fazer os pássaros voarem: não importa o tipo de pau nem o modo de bater, pois o resultado não vai mudar muito. O importante é fazer com que os pássaros alcem voo. O movimento dos pássaros sacode o campo de visão que estava estático. Pode parecer uma opinião bem imprudente, mas é o que penso.

De qualquer forma, procuro passar bastante tempo nessa fase de reescrever o manuscrito. Ouço com atenção os conselhos das pessoas próximas (mesmo que eu fique irritado) e reescrevo alguns trechos mantendo esses conselhos em mente e tendo-os como referência. Os conselhos são importantes. Geralmente o escritor que acabou de finalizar um romance está fora de seu juízo normal, com a cabeça quente e o cérebro cansado. Afinal, para começo de conversa, uma pessoa em sã consciência não consegue escrever um romance. Então estar fora de seu juízo normal não é um grande problema, mas é preciso que o escritor tenha a consciência de que está um pouco "fora de si". E, para uma pessoa assim, é muito importante ter a opinião de alguém que esteja com a cabeça no lugar.

É claro que não podemos acatar cegamente todas as opiniões alheias. Algumas podem ser insensatas e injustas. Mas, se a opinião vier de alguém em sã consciência, nela deve estar contido *algum* significado. Ela irá esfriar sua cabeça aos poucos até que atinja a temperatura adequada. A opinião das pessoas representa a sociedade, e quem vai ler o seu livro, no final das contas, é a sociedade. Se você tentar ignorá-la, provavelmente ela também irá ignorá-lo. Se você pensa *Tudo bem, não me importo*, eu também não me importo. Mas, se você é um escritor que quer manter uma relação relativamente boa com a sociedade (creio que é o caso da maioria), é importante garantir um ou mais "pontos fixos" à sua volta, aqueles que irão ler as suas obras. Naturalmente tem que ser alguém que vai dar uma opinião sincera e direta. Mesmo que ela o deixe irritado.

Quantas vezes tenho que reescrever um manuscrito? Nem eu sei o número exato. Reescrevo originais um incontável número de vezes e, mesmo depois de enviá-los para a editora, peço que emitam várias provas impressas, a ponto de eles se perguntarem quando isso vai acabar. Envio cada prova de volta à editora completamente coberta de mudanças e, quando recebo a nova corrigida, devolvo-a também cheia de mudanças. E isso se repete várias vezes. Como já disse, é um trabalho que exige paciência, mas, para mim, não é um grande sofrimento. Leio várias vezes a mesma frase para verificar a sua vibração, inverto a ordem das palavras e mudo os detalhes de uma expressão. Gosto muito desse trabalho de "bater com o martelo". Sinto uma grande satisfação quando vejo a prova impressa ficar imunda de tantas correções e os cerca de dez lápis sobre a mesa diminuírem rapidamente. Não sei por que, mas acho isso muito divertido. Por mais que o faça inúmeras vezes, não fico nem um pouco entediado.

O escritor Raymond Carver, que eu respeito muito, também gostava desse trabalho de "bater com o martelo". Ele escreveu o seguinte, citando as palavras de outro escritor: "Sei que terminei um conto quando me pego tirando as vírgulas das frases e em seguida colocando todas elas de volta, no mesmo lugar". Eu entendo muito bem o que ele quis dizer. Afinal, também já fiz isso muitas vezes, em dado momento chegamos a esse ponto sutil. *Já cheguei ao meu limite. Se mexer mais, vai piorar.* Carver indicou esse ponto com precisão tomando as vírgulas como exemplo.

Assim, concluo um romance. Existem vários tipos de pessoas, então ele agrada algumas e nem tanto a outras. Eu mesmo não estou completamente satisfeito com as minhas obras do passado. Algumas vezes sinto que hoje poderia escrever melhor. Se releio, encontro defeitos aqui e ali, então não costumo ler os meus livros, a não ser que tenha algum motivo especial.

Mas procuro pensar que, na época em que escrevi a obra, certamente não teria conseguido fazer melhor. Pois sei que dei o máximo de mim *naquele momento*. Gastei o tempo que queria, investi toda a energia que possuía e, assim, concluí a obra. Ou seja, lutei numa *guerra* mobilizando *todas* as minhas forças. Até hoje tenho a sensação de que dei *tudo de mim*. Pelo menos em relação a romances, nunca escrevi por encomenda e nunca tive que cumprir prazos. Escrevi o que queria, quando queria, do jeito que queria. Pelo menos isso posso afirmar com confiança. Por isso não me arrependo mais tarde pensando: *Este trecho deveria ter escrito assim.*

* * *

O tempo é um fator muito importante para que uma obra seja criada. Mais do que qualquer outra coisa, a *preparação* é importante. É um *período de silêncio* em que cultivo dentro de mim o embrião do romance que está para ser escrito e desenvolvo o desejo de "escrever um romance". O tempo gasto nessa preparação; o período em que escrevo o manuscrito de fato; o período em que ele é deixado para "cura" em um lugar frio e escuro, para depois ser exposto à luz natural, ser analisado detalhadamente quando ficar duro e ser "martelado"... Só o autor consegue saber se gastou tempo suficiente nesses processos. E a qualidade do tempo gasto com certeza se manifesta em um *sentimento de conformidade* do escritor com a obra. Esse sentimento não é muito fácil de descrever, mas faz muita diferença no resultado.

É como a água de termas naturais e a água da banheira de casa. Quando estamos imersos em águas termais, sentimos o corpo se aquecer aos poucos, até o seu cerne, mesmo que a temperatura da água não esteja alta, e o corpo continua aquecido mesmo depois de sairmos dela. Em contrapartida, na banheira de casa o corpo se aquece de outra maneira e logo esfria. Acho que todos os japoneses já passaram por essa experiência. Creio que, quando entram em águas termais, a maioria consegue perceber na pele a diferença e ficam muito satisfeitos, mas não é fácil explicar essa sensação para uma pessoa que nunca mergulhou em águas assim.

Parece que acontece o mesmo com bons romances e boas músicas. Mesmo que a temperatura das águas termais e da água da banheira de casa seja igual, percebemos a diferença entre uma e outra quando mergulhamos. Sentimos a diferença na pele, mas é difícil verbalizar essa *sensação*. "Sentimos que o corpo vai se aquecendo aos poucos, é verdade. Mas não consigo explicar direito...", é só isso que conseguimos dizer. "Mas, no termômetro, a temperatura é a mesma. Não é só impressão sua?" Quando alguém retruca, não consigo contra-argumentar — pelo menos não eu, que não tenho muito conhecimento científico.

Por isso, quando recebo uma crítica rigorosa, inesperadamente rigorosa, depois de lançar um livro, consigo pensar: *Bom, isso é ine-*

vitável. Porque sempre tenho a sensação de que *fiz tudo o que tinha que fazer.* Gastei tempo suficiente na preparação, na cura e também no trabalho de "bater com o martelo". Então por mais que seja criticado, não desanimo nem perco a autoconfiança. Claro que fico um pouco aborrecido às vezes, mas só um pouco. Pois acredito que há coisas que só são comprovadas com o tempo. Se não tivesse essa certeza, ficaria desanimado — por mais que eu seja descarado. Não tenho nada a temer quando fico com a sensação concreta de que *fiz tudo o que tinha que fazer.* Todo o resto pode ser delegado ao tempo. Tratar o tempo com atenção, cuidado e respeito significa torná-lo nosso aliado. É como lidar com as pessoas.

Em um ensaio que traduzi para o japonês, Raymond Carver escreveu o seguinte:

"'Teria feito melhor se tivesse tido mais tempo.' Fiquei estupefato ao ouvir isso de um amigo escritor. Ainda fico, quando me lembro disso. [...] Se não conseguimos escrever da melhor maneira dando o máximo de nós, então para que escrever? No final das contas, a satisfação de termos dado o nosso melhor e a prova desse trabalho são as únicas coisas que podemos levar para o túmulo. Eu queria ter dito ao meu amigo: pelo amor de Deus, vá fazer outra coisa. Deve haver maneiras mais fáceis e talvez mais honestas para que você ganhe seu sustento. Ou, senão, apenas faça o melhor usando as suas habilidades, seus talentos, e não justifique nem dê desculpas. Não reclame. Não explique." (Raymond Carver, "On Writing".)

Carver, que normalmente é calmo, está sendo severo aqui, mas concordo cem por cento com o que ele quer dizer. Não sei como é hoje, mas muitos escritores de antigamente se gabavam: "Sem prazo, não consigo escrever romances". Parece uma atitude típica de um escritor, mas nem sempre se consegue escrever às pressas e sob pressão. Mesmo que se consiga quando se é jovem e que durante um período se produzam bons trabalhos, quando analisamos as obras a longo prazo temos a impressão de que, por alguma razão, o estilo foi aos poucos perdendo o brilho.

Acredito que, para que o tempo seja nosso aliado, precisamos controlá-lo um pouco. Não podemos ser sempre controlados por ele. Caso contrário, acabamos em uma posição de passividade. Há um provérbio que diz que o tempo e a maré não esperam as pessoas; se o tempo não nos espera, precisamos levar isso em conta e estabelecer o nosso cronograma de forma consciente. Ou seja, em vez de esperarmos, devemos tomar a iniciativa de forma agressiva.

Não sei se as minhas obras são boas e, caso sejam, não sei o quanto são. Acho que é uma coisa que não cabe ao autor dizer. Nem é preciso dizer que quem julga as obras são os leitores, e que seu valor é revelado pelo tempo. A única coisa que o autor pode fazer é aceitar os julgamentos em silêncio. O que posso dizer é que passei muito tempo escrevendo romances e, usando as palavras de Carver, me esforcei para escrever "da melhor maneira dando o máximo de mim". Não penso que teria feito melhor se tivesse mais tempo. Se não consegui escrever bem, significa que ainda me faltava habilidade como escritor no momento em que a escrevi, só isso. É uma pena, mas não é motivo para que eu me envergonhe. A falta de habilidade pode ser compensada mais tarde, com esforço. Mas a oportunidade perdida não pode ser recuperada.

Há vários anos venho criando um sistema que me permite escrever dessa forma, e vim cuidando dele, fazendo uma manutenção atenciosa e detalhada, à minha maneira. Limpei a sujeira, lubrifiquei esse sistema e me certifiquei de que não enferrujasse. Como escritor, tenho um pouco de orgulho disso. Sinto mais prazer falando desse sistema do que sobre a qualidade de cada uma das obras. Para mim, vale mais a pena.

Se meus leitores sentirem na pele, por pouco que seja, uma espécie de calor profundo como o proporcionado pelas águas termais, para mim já é motivo de grande alegria. Eu mesmo li muitos livros e ouvi muitas músicas buscando esse tipo de *sensação*.

Acredite na sua *sensação* mais do que em qualquer outra coisa. Não importa o que os outros digam; a opinião alheia não tem importância. Tanto para o escritor como para o leitor, a sensação é o melhor critério.

VII. Um ato infinitamente individual e físico

Escrever romances é um ato bastante individual que é realizado em uma sala fechada. O escritor senta-se à mesa do seu escritório e inventa (na maioria das vezes) uma história, transformando-a em uma narrativa. Ele converte coisas sem forma e subjetivas em algo com um formato específico e objetivo (ou que pelo menos busca a objetividade) — podemos resumir assim o trabalho que nós, romancistas, realizamos no dia a dia.

"Mas eu não tenho escritório", talvez muitos digam. Eu também não tinha quando comecei a escrever romances. Eu me sentava à mesa da cozinha do pequeno apartamento onde morávamos (que já foi demolido) em Tóquio, sozinho, no meio da noite, quando a minha esposa estava dormindo, e escrevia à mão em folhas de quatrocentos caracteres específicas para manuscritos japoneses. Foi assim que escrevi meus dois primeiros romances, *Ouça a canção do vento* e *Pinball, 1973*. Apelidei essas duas obras de "romances de mesa de cozinha".

Quanto a *Norwegian Wood*, a parte inicial foi escrita em vários locais da Grécia: na mesa de um café, no banco de um ferry boat, na sala de espera do aeroporto, à sombra de um parque, à mesa de um hotel barato. Como não podia carregar blocos de papel que ocupam bastante espaço, comprei um caderno barato numa papelaria de Roma e nele escrevia com caneta Bic, numa caligrafia bem pequena. Nessa época enfrentei alguns obstáculos: o barulho de pessoas nas mesas próximas; a mesa que balançava e não me permitia escrever direito; o café derramado no caderno; o casal empolgado no meio da noite no quarto ao lado do hotel, separado por uma parede fina, bem no momento em que eu examinava o meu texto... Hoje me parecem episódios cômicos, mas na hora eles me deixaram bem irritado. Como foi difícil encontrar um lugar fixo, escrevi em diversas partes da Europa. Até hoje guardo esse caderno grosso com manchas de café (e de outras coisas indecifráveis).

Mas, não importa o local em que escrevemos, o romance sempre é produzido em uma sala fechada, uma espécie de escritório portátil.

Em minha opinião, os escritores não começam a produzir romances a pedido de outras pessoas. Eles se esforçam e se debatem para escrever romances porque têm um forte desejo pessoal, porque sentem uma ardente força interna.

Claro que é possível escrever romances para atender a pedidos. Talvez a maioria dos escritores profissionais trabalhe dessa forma. Adotei a política de não escrever romances assim e venho fazendo isso há muitos anos, mas talvez isso seja raro. Parece que muitos escritores só começam a produzir depois que recebem um pedido do editor: "Poderia escrever um conto para a nossa revista?", "Poderia escrever um romance inédito para lançar pela nossa editora?". Nesses casos normalmente há um prazo, e, dependendo do caso, as editoras podem oferecer até um adiantamento.

Mas isso não muda o fato de que os romances são escritos de forma espontânea, são resultado de um impulso interno. Talvez alguns escritores só consigam começar a escrever quando recebem um pedido ou quando possuem um prazo. Entretanto, por mais que tenha prazo, por mais que os editores implorem e ofereçam uma fortuna, romances não podem ser escritos se não houver o impulso interno, o desejo de "escrever um romance". Bom, isso é óbvio, não é?

E, independentemente do motivo inicial, quando os escritores começam a escrever um romance, eles ficam sozinhos. Não há ninguém que possa ajudá-los. Alguns até contam com o auxílio de um assistente de pesquisa, mas o papel dele é apenas reunir materiais e documentos. Ninguém vai organizar a mente dos escritores nem encontrar a palavra adequada para algum lugar. A obra que eles iniciaram tem que ser desenvolvida e concluída por eles mesmos. Eles não são como arremessadores profissionais de beisebol que jogam até a sétima entrada e depois descansam no banco e enxugam o suor, enquanto o reserva arremessa no seu lugar. Não há nenhum escritor reserva na área de aquecimento. Por isso os escritores precisam arremessar sozinhos, até o final do jogo, mesmo que ele seja prorrogado até a 15ª ou 18ª entrada.

Quando escrevo um romance (quero deixar bem claro que vou falar de mim), sento-me sozinho à mesa do meu escritório e trabalho no manuscrito por mais de um ano (às vezes dois ou até três). Levanto-me de manhã cedo e escrevo durante cinco ou seis horas por dia, concentrado. Como estou absorto em pensamentos, o cérebro superaquece (às vezes o couro cabeludo fica literalmente quente) e sinto-me zonzo por um tempo. Por isso tiro um cochilo depois do almoço, ouço música ou leio livros leves. Se eu fizesse só isso, acabaria sedentário, então saio de casa e me exercito por cerca de uma hora, todos os dias. Assim me preparo para o trabalho do dia seguinte. E essa rotina se repete diariamente.

Sei que a definição é banal, mas escrever é um trabalho solitário, principalmente no caso de romances longos. Às vezes me sinto como se estivesse sentado sozinho no fundo de um longo poço. Ninguém me ajuda, ninguém dá tapinhas nas minhas costas e me elogia: "Parabéns, hoje você fez um bom trabalho". Às vezes (quando dá certo) a obra resultante desse trabalho recebe elogios, mas, enquanto escrevo, ninguém reconhece o que faço. É um peso que o escritor precisa carregar sozinho, em silêncio.

Eu me considero bastante paciente para esse tipo de ofício, mas às vezes fico exausto. Entretanto, ao produzir dia após dia, com cuidado e paciência, como um pedreiro que empilha tijolos um por um, chega um momento em que penso "Sim, sou mesmo um escritor!". E consigo aceitar essa sensação como uma *coisa boa, um motivo para comemorar*. O lema dos alcoólicos anônimos dos Estados Unidos é "um dia de cada vez", e é dessa forma que eu trabalho. Preciso receber os dias que chegam, um de cada vez, de forma constante, e deixá-los ir embora, sem quebrar o ritmo. Ao escrever com persistência e de forma contínua, acontece *algo* dentro de mim. Mas isso leva certo tempo. Você precisa aguardar com paciência. Um dia será sempre um dia. Não podemos viver dois ou três dias de uma só vez.

O que é necessário para realizar esse trabalho com paciência e de forma incansável?

Nem preciso dizer que é necessário ter força para persistir.

"Mas três dias consecutivos é o máximo de tempo que consigo ficar trabalhando concentrado" — quem diz isso não serve para ser romancista. "Mas em três dias dá para escrever um conto", alguns podem retrucar. Sim, quem fala isso tem razão. Em três dias é possível escrever um conto *simples*. Mas não é fácil repetir por muito tempo o ciclo de escrever um conto em três dias, esvaziar a cabeça, reestruturar-se e escrever outro conto usando mais três dias... Acho que os escritores não aguentam fazer um trabalho com tantas interrupções assim por um longo período. Mesmo aqueles que são especializados em contos precisam manter um fluxo de produção relativamente constante. Para que os escritores realizem uma atividade criativa por vários anos, seja escrevendo romances ou contos, é imprescindível que tenham força para persistir.

Então, como conseguir essa força?

A minha resposta é uma só, e bem simples: ter um bom condicionamento físico. Adquirir grande e permanente força. Fazer do seu corpo o seu amigo.

Naturalmente estou dando a minha opinião, com base na minha experiência. Talvez ela não seja universal. Mas qualquer opinião é pessoal e baseada na experiência. Pode haver opiniões diferentes, mas se quiser ouvi-las, por favor, pergunte a outras pessoas. Eu tenho a minha. Você pode julgar se ela é abrangente ou não.

Muitas pessoas pensam que o trabalho do escritor é apenas escrever, e que não é necessário ter bom condicionamento físico, já que basta ele ter força nos dedos para digitar (ou escrever no papel). Ainda está enraizada na sociedade a ideia de que escritores não são saudáveis, são antissociais, pouco convencionais e não se preocupam em cuidar da saúde ou fazer exercícios físicos. Consigo entender esse ponto de vista até certo ponto. Acho que não podemos simplesmente ignorá-lo, achando que é apenas uma imagem estereotipada.

Se você quer escrever, deve entender que é necessário um condicionamento físico extraordinário para ficar sentado à mesa, na frente da tela do computador (naturalmente pode ser uma caixa de laranjas em vez de uma mesa e pode escrever à mão em vez de digitar), se concentrar e criar uma história. Talvez não seja muito difícil fazer isso quando se é jovem. Com vinte ou trinta anos o corpo está cheio de vitalidade e não reclama mesmo quando é explorado. É relativamente fácil se concentrar e manter um alto nível de foco por um tempo. Ser jovem é realmente maravilhoso (se bem que não sei se eu gostaria de voltar no tempo). Mas, falando de modo geral, a força física, a motivação e a capacidade de seguir em frente infelizmente diminuem quando chegamos à meia-idade. Os músculos enfraquecem e gorduras desnecessárias grudam no corpo. A triste verdade é que "a tendência é perder músculos e ganhar gordura". Para compensar esses declínios, precisamos realizar esforços constantes e conscientes para manter a força física.

E, como consequência da diminuição da força física (falando de modo geral), a capacidade de raciocínio cai um pouco. A agilidade e a flexibilidade da mente também se perdem. Certa vez, quando fui entrevistado por um jovem escritor, disse-lhe o seguinte: "Quando o escritor adquirir gordura no corpo, será o fim". Bem, essa afirmação é extremada e naturalmente deve haver exceções, mas penso que sempre possui um grau de verdade. Essa gordura pode ser real ou metafórica, e muitos escritores combatem esse declínio natural aprimorando a própria técnica de escrever ou amadurecendo a consciência, mas é claro que existe um limite.

Estudos recentes indicam que a prática de exercícios aeróbicos acelera consideravelmente a formação dos neurônios no hipocampo do cérebro. Para que isso aconteça, os exercícios, como a natação e a corrida, devem ser moderados e praticados por bastante tempo. Mas se os neurônios recém-criados não forem usados desaparecerão vinte e oito horas depois. É um desperdício, não é? Porém, se eles forem estimulados intelectualmente, serão ativados, se ligarão à rede cerebral e se tornarão parte orgânica da comunidade de transmissão de sinais. Ou seja, a rede cerebral se ampliará e se tornará mais densa. Assim, a capacidade de aprender e memorizar ficará mais desenvolvida. E, como consequência, o pensamento se tornará mais flexível, podendo manifestar uma criatividade excepcional. Reflexões mais complexas e ideias mais ousadas se tornarão possíveis. A combinação de exercício físico e trabalho intelectual no dia a dia influencia positivamente o trabalho criativo.

Comecei a correr há trinta anos, depois que me tornei escritor profissional (quando estava escrevendo *Caçando carneiros*), e desde então mantenho o hábito de correr ou nadar por cerca de uma hora quase todos os dias. Acho que o meu corpo é resistente, pois nunca contraí nenhuma doença grave nem machuquei a perna (distendi um músculo só uma vez jogando squash), então consegui correr quase diariamente. Uma vez por ano participo de uma maratona e recentemente também comecei a participar de uma competição de triatlo.

Algumas pessoas ficam impressionadas: "Como você consegue correr todos os dias? Deve ter uma força de vontade enorme". Mas acho que o sofrimento físico dos trabalhadores que pegam trem todos os dias é muito maior. É bem mais fácil correr uma hora quando tenho vontade do que ficar uma hora em um trem em horário de pico. A minha força de vontade não é grande. Eu gosto de correr, então apenas faço uma coisa que combina comigo, por hábito. Por mais que a minha força de vontade fosse grande, eu não conseguiria passar trinta anos fazendo algo que não combina comigo.

Graças a essa vida que levo há muitos anos, minha habilidade como escritor foi melhorando aos poucos e a minha criatividade se tornou mais afiada e estável; fui sentindo isso no meu dia a dia. Não consigo explicar a coisa por meio de números, mas minha evolução se deu na forma de uma reação natural.

Por mais que eu explicasse isso, a maioria das pessoas ao meu redor não me levava a sério. Muitas riam de modo debochado. Até cerca de dez anos atrás, elas não compreendiam o que eu queria dizer. "Se correr todo dia, você vai ficar saudável demais e não conseguirá fazer boa literatura", diziam muitos. No mundo literário as pessoas têm tendência a desdenhar de treinamentos físicos. Quando ouvem falar de *manter a saúde*, parece que muitos imaginam alguém bastante musculoso, mas os exercícios aeróbicos praticados cotidianamente para manter a saúde e a musculação feita por meio de aparelhos para criar um corpo musculoso são coisas bem diferentes.

Por muito tempo não entendi bem o que o ato de correr diariamente significava para mim. Ao manter essa rotina, naturalmente o corpo fica saudável. A gordura diminui, os músculos se desenvolvem de forma equilibrada e o peso do corpo pode ser controlado. Mas *não é só isso*. Eu sentia que no fundo havia *algo mais importante*. Mas não entendia direito o que era esse *algo* e também não conseguia explicar aos outros o que nem eu entendia direito.

Mesmo sem saber o que aquilo significava, mantive o hábito de correr, de forma firme e persistente. Trinta anos é muito tempo. É necessário esforço considerável para manter um hábito por tantos anos. Por que consegui mantê-lo? Porque sinto que o ato de correr representa de forma simples e concreta *aquilo que eu tenho que fazer neste mundo*. Eu realmente tenho essa forte sensação (uma sensação corporal), embora não seja algo bem definido. Por isso, mesmo quando pensava: *Hoje estou cansado. Não quero correr*, logo depois tentava me convencer: ***De qualquer forma**, é algo que tenho que fazer* e corria praticamente sem pensar nas razões para tanto. Essa frase é como um mantra para mim: ***De qualquer forma**, é algo que tenho que fazer.*

Não acho que correr *seja algo intrinsecamente bom*. Correr é só isso. O ato não é bom nem mau. Se você não tem vontade de correr, não precisa se sentir obrigado. Todo mundo pode escolher. Não estou propondo: "Vamos correr todos juntos!". Quando vejo estudantes do segundo grau sendo obrigados a correr em uma manhã fria de inverno, chego a ter pena porque deve ter gente que não quer fazer aquilo.

Mas, para mim, o ato de correr possui um grande significado. Ou melhor, eu sempre tive a consciência natural e imutável de que correr era de alguma forma necessário para mim ou para o que eu queria fazer. Esse sentimento sempre me encorajou. Nas manhãs muito frias, nas tardes muito quentes, quando não me sentia bem e não queria correr, eu tinha um incentivo caloroso: "Venha, tome coragem e vamos correr".

Ao ler o artigo científico sobre a formação dos neurônios, percebi que o que eu vinha fazendo, a minha sensação corporal, não estava errado. Além disso, acredito que prestar atenção nas sensações corporais é muito importante para uma pessoa que realiza um trabalho de criação. Afinal, tanto a mente como o cérebro são partes do nosso corpo.

E, a meu ver (não sei direito o que os fisiologistas dizem), a fronteira entre a mente, o cérebro e o corpo não está claramente delimitada.

Vou falar algo que já repeti em vários lugares, e alguns devem pensar: *De novo?* Mas, como é um assunto importante, vou dizer novamente. Peço desculpas pela insistência.

O romancista narra uma história. E narrar uma história é, em outras palavras, tomar a iniciativa de adentrar no inconsciente. É descer para as trevas do interior da mente. Quanto maior for a história que o escritor quiser contar, mais fundo ele precisará descer. Da mesma forma que, quanto mais alto for o prédio a ser construído, maior terá que ser a sua fundação subterrânea. Quanto mais densa for a narrativa, mais pesada e mais espessa serão as trevas subterrâneas.

No meio dessas trevas o escritor encontra as coisas de que precisa, os nutrientes necessários para o seu romance, e com esse material em mãos retorna à consciência e o converte em texto com forma e significado. As trevas muitas vezes estão cheias de coisas perigosas. Os seres que aí vivem tentam iludir as pessoas assumindo diversas formas. Nesse lugar não há sinalização nem mapas. Alguns trechos parecem um labirinto, são como grutas subterrâneas. Se o escritor se descuidar, acabará se perdendo e talvez não consiga mais voltar à superfície. No meio dessas trevas, os inconscientes coletivo e individual estão misturados, assim como o passado e o presente. Nós fazemos uma mistura indistinguível de todas essas coisas, e às vezes ela pode acarretar resultados perigosos.

Para confrontar essa força das trevas e para enfrentar os perigos no dia a dia, precisamos de um bom condicionamento físico. Não consigo saber a quantidade exata de força de que precisamos, mas é muito melhor ter um físico forte do que fraco. E isso não significa ser forte em relação a outras pessoas; é na *medida necessária* para si mesmo. Fui compreendendo e sentindo isso aos poucos, conforme fui escrevendo romances diariamente. Quanto mais resistente for a mente, melhor, e, para manter essa resistência por muito tempo, é imprescindível fortalecer e manter a força do corpo, que é o seu recipiente.

Quando digo que a mente precisa ser resistente, não estou dizendo que é necessário ser forte no cotidiano. Na vida prática sou uma pessoa bem normal. Às vezes me magoo por coisas insignificantes, em outras acabo sendo indelicado e depois fico remoendo. Tenho dificuldades para resistir a tentações e procuro fugir de obrigações chatas sempre que possível. Em alguns momentos me irrito com coisas pequenas ou me distraio e me esqueço de coisas importantes. Procuro não me justificar tanto, mas às vezes acabo dando explicações desnecessárias. E também decido que vou ficar sem beber, mas acabo pegando uma cerveja da geladeira. Não sou muito diferente da maioria das pessoas. Bom, no geral talvez eu seja um pouco abaixo da média.

Entretanto, quando preciso escrever romances, consigo manter a mente firme por cerca de cinco horas por dia, sentado à mesa. E essa força — pelo menos a maior parte dela — não é algo inerente a mim; ela foi adquirida através de treinamento. Eu até diria que, com esforço, qualquer pessoa conseguiria tal resistência; basta querer — embora não seja algo fácil. Naturalmente a força da mente é distinta da força física, que pode ser comparada com a de outras pessoas. A força da mente é a força necessária para manter tudo em equilíbrio.

Não estou incentivando o moralismo ou o estoicismo, de jeito nenhum. Não há relação direta entre ser moralista ou estoico e escrever um bom romance. Na verdade, acho que as duas coisas não têm nenhuma ligação. Estou apenas sugerindo, de forma simples e prática, que deveríamos ser mais conscientes com o nosso corpo físico.

Talvez esse modo de pensar ou de viver não seja condizente com a imagem geral que as pessoas têm dos romancistas. Estou começando a ficar inseguro. Será que no fundo as pessoas ainda buscam um escritor clássico? Um antissocial que cria literatura em meio à ruína e ao caos, levando uma vida desregrada, desprezando a família, penhorando o quimono da esposa para conseguir dinheiro emprestado (creio que essa imagem está ultrapassada), alcoólatra, perdendo a cabeça com mulheres e fazendo o que bem entende? Ou será que buscam um *escritor ativista* que continua batucando na máquina de escrever mesmo debaixo de tiros, como aqueles que escreveram no meio da Guerra Civil Espanhola? Talvez ninguém busque um escritor que more em um bairro residencial pacato do subúrbio, leve uma vida saudável acordando cedo e dormindo cedo, corra todos os dias, goste de preparar saladas e escreva todos os dias no seu escritório no mesmo horário. Será que não estou apenas jogando um inútil balde de água fria na imagem romântica que as pessoas têm?

Por exemplo, há um escritor chamado Anthony Trollope. Ele viveu na Inglaterra no século XIX, escreveu muitos romances e fez bastante sucesso. Ele trabalhava numa agência dos correios em Londres e escrevia por hobby, mas fez sucesso como escritor e se tornou bastante popular na época. Mesmo assim ele não largou o trabalho no correio. Acordava cedo todo dia, sentava-se à mesa e escrevia o que havia estipulado. Depois, saía para trabalhar. Dizem que Trollope foi um funcionário público competente e que chegou a ocupar uma posição alta no correio, e que ele foi responsável pela instalação das caixas vermelhas de correio em vários pontos da cidade de Londres (até então não havia caixas de correio na cidade). Ele gostava muito do próprio trabalho e, por mais que o ofício da escrita tomasse o seu tempo, nem passou pela sua cabeça largar o emprego para dedicar-se exclusivamente à escrita. Deveria ser uma pessoa um pouco excêntrica.

Após sua morte em 1882, aos 67 anos, sua autobiografia foi publicada. Ela revelou, pela primeira vez, uma vida cotidiana extremamente controlada, que estava longe de ser romântica. Até então ninguém fazia muita ideia de quem era Trollope, mas, depois que os detalhes sobre ele foram revelados, os críticos e os leitores ficaram estupefatos, alguns até decepcionados, e a sua reputação ficou manchada na Inglaterra. Se eu tivesse vivido nessa época, provavelmente teria passado a admirá-lo e a respeitá-lo de todo o coração (na verdade, ainda não li os seus livros), mas parece que a reação das pessoas da época foi completamente diferente. *O quê? Estávamos lendo romances escritos por uma pessoa tão sem graça assim?*, pensaram furiosas. Talvez a maioria dos ingleses do século XIX pensasse que o escritor ideal — ou a vida dele — tinha que ser pouco convencional. Fico temeroso, pois, levando uma *vida comum* como a que levo hoje, talvez eu acabe passando pela mesma situação de Trollope. Bom, o valor de Trollope foi reconhecido novamente no século XX, então não foi tão ruim assim...

Franz Kafka também foi funcionário público de uma agência de seguros em Praga e sempre escrevia romances em seu tempo livre. Parece que ele também foi um oficial bastante competente e aplicado, reconhecido pelos colegas de trabalho. Dizem que, quando ele faltava, as coisas não andavam. Assim como Trollope, Kafka também se dedicava ao emprego, ao mesmo tempo em que escrevia romances com seriedade (no caso dele, tenho a impressão de que o fato de ter uma ocupação principal é usado como razão para muitos de seus romances serem inacabados). Entretanto, Kafka é louvado pelo fato de ter levado a sério o seu emprego, o que não aconteceu com Trollope. Essa diferença de julgamento é curiosa. É difícil entender por que ora as pessoas são elogiadas, ora são criticadas, mesmo levando uma vida parecida.

De qualquer forma, realmente sinto muito por aqueles que esperam que os *escritores sejam pouco convencionais*, mas, no *meu caso*, para que eu *continue sendo* romancista, é imprescindível que eu leve uma vida fisicamente moderada — vou repetir que isso é no meu caso.

Acho que o caos existe na mente de todas as pessoas. Dentro de mim e de você também. Não é algo que precisa ser mostrado na vida prática: "Olhe o caos que eu carrego, veja como ele é grande!". Se você quer se encontrar com o seu caos interno, basta fechar a boca e descer sozinho ao fundo do inconsciente. É aí que se encontra o caos que você precisa enfrentar, aquele que vale a pena ser enfrentado. Ele está no seu ponto mais íntimo.

Para verbalizá-lo de forma fiel e sincera, você precisa de: concentração, força para persistir sem vacilar e consciência firme. E, para manter essas qualidades, é necessário ter força física. Pode parecer uma conclusão literalmente prosaica e sem graça, mas esse é o meu pensamento básico, na condição de romancista. Podem me criticar, podem me louvar, podem me atirar tomates, ou até uma linda flor; eu só consigo escrever — e viver — dessa forma.

* * *

Eu gosto do ato de escrever romances. Por isso sou muito grato por poder viver praticamente só disso, e acho que tive bastante sorte. De fato, se uma sorte excepcional não tivesse sorrido para mim em determinado momento da vida, eu não estaria onde estou hoje. Penso isso de verdade. Talvez não tenha sido sorte, mas um milagre.

Mesmo que o meu talento para escrever romances seja inato, se ele não tivesse sido desenterrado, continuaria dormindo profundamente debaixo da terra, assim como os campos petrolíferos e as minas de ouro. Há gente que defende esta tese: "Um talento magnífico desses sempre aflora um dia, com certeza". Mas tenho a sensação — e possuo considerável confiança em minha sensação — de que nem sempre isso acontece. Se o talento está enterrado em um lugar relativamente próximo da superfície, há grande possibilidade de que ele se manifeste de forma natural e espontânea, mesmo que seja deixado à deriva. Mas, se está enterrado em um local bem profundo, não será descoberto com tanta facilidade. Por mais que ele seja magnífico, se ninguém decidir desenterrá-lo com uma pá, poderá se perder para sempre, sem nunca ser percebido. Penso muito nisso quando olho para trás e vejo os acontecimentos da minha vida. Cada coisa tem o seu momento e, uma vez que o perdemos, é provável que ele não se repita. A vida muitas vezes é caprichosa, injusta e cruel. Por acaso consegui agarrar uma oportunidade. Olhando para trás, percebo que foi pura sorte.

Mas a sorte é um simples ingresso. E o talento não é como campos petrolíferos e minas de ouro. Não basta procurá-lo; o ingresso não é suficiente para levarmos uma vida confortável e fácil. Com ele em mãos, você só consegue entrar no local do evento, só isso. Você entrega o ingresso na porta e entra no salão, mas o que vai fazer ali, como vai agir, o que vai encontrar, o que vai obter, o que vai abandonar, como irá superar os vários obstáculos que poderão aparecer... tudo isso vai depender do seu talento, do seu dom, das suas habilidades, do seu calibre, da sua visão de mundo ou, às vezes, simplesmente da sua força física. De qualquer forma, ter sorte não é suficiente.

Naturalmente, assim como existem vários tipos de pessoas, existem vários tipos de escritores. Há vários modos de viver e de escrever. Há várias formas de ver as coisas e também de escolher as palavras. Não dá para entender de um jeito só. O que eu posso fazer é falar de *escritores como eu*. Por isso o assunto sobre o qual eu falo é restrito. Entretanto, creio que há um ponto em comum entre os escritores profissionais, apesar das diferenças. Por serem profissionais, acho que todos têm uma mente *resistente*. É a firme determinação de continuar escrevendo romances que faz com que eles enfrentem todos os obstáculos: hesitações, críticas veementes, traição de pessoas próximas, fracassos inesperados, perda de autoconfiança, falha por excesso de autoconfiança.

Para manter essa determinação por muito tempo, torna-se essencial pensar na qualidade de vida. Primeiro, é importante viver de forma completa. E *viver de forma completa* é fortalecer o corpo, que é a *armação* que contém a alma, e fazê-lo avançar de forma contínua, passo a passo. Viver é (muitas vezes) uma guerra cansativa e sem fim. A meu ver, é praticamente impossível, na prática, manter-se somente com determinação ou uma alma firme e positiva, deixando de lado o avanço do corpo carnal. A vida não é tão fácil assim. Se as coisas penderem para um dos lados, cedo ou tarde haverá uma reação contrária, e as pessoas sofrerão as consequências. A balança que pende para um dos lados sempre tende a voltar ao equilíbrio. As forças física e espiritual são como os pneus de um carro. Suas forças trabalham de forma equilibrada quando a direção e a pressão certa são aplicadas.

Vou citar um exemplo bem simples: se você estiver com dor de dente, não terá condições de escrever um romance com calma. Por mais que você tenha uma ideia maravilhosa, uma firme determinação e o dom de criar uma narrativa rica e bela, será impossível se concentrar se o seu corpo estiver sendo assolado por dores físicas intensas e ininterruptas. Primeiro você precisa ir a um dentista para curar a cárie dentária (ou seja, precisa recompor a sua boa condição física) para só então se sentar à mesa.

É uma teoria bem simples, mas foi o que aprendi com a minha experiência. As forças física e espiritual precisam estar equilibradas. Precisamos criar uma estrutura para que elas se balanceiem de forma eficiente. Quanto mais longa for a batalha, mais sentido fará essa teoria.

Naturalmente a minha teoria não se aplica àqueles que possuem genialidade excepcional, como Mozart, Schubert, Púchkin, Rimbaud ou Van Gogh. No caso de pessoas desse tipo, é suficiente florescer de forma esplêndida apenas por um momento, produzir algumas obras belas e sublimes que comovem as pessoas, gravar vividamente o próprio nome na história e se extinguir por completo. Se esse é o seu caso, por favor, esqueça o que falei. E faça as coisas de que gosta do seu jeito. Esse modo de viver também é magnífico, nem preciso dizer. E artistas geniais como Mozart, Schubert, Púchkin, Rimbaud e Van Gogh são imprescindíveis em qualquer época.

Caso contrário, ou seja, se você (infelizmente) não é nenhum gênio excepcional, e deseja, com o tempo, melhorar e fortalecer por pouco que seja o talento (limitado, em maior ou menor grau) que possui, acho que a minha teoria vai fazer sentido. Ou seja, você deve ter a mente mais determinada possível. E, ao mesmo tempo, manter seu corpo carnal o mais saudável, mais forte e menos defeituoso possível, pois ele é a base da sua determinação; o que significa melhorar de modo geral e de forma equilibrada a sua qualidade de vida. Se você não poupar esforços, conseguirá elevar naturalmente a qualidade das obras produzidas. Essa é a minha opinião, mas vou repetir que essa teoria não se aplica a artistas dotados de genialidade excepcional.

Então, como devemos melhorar a nossa qualidade de vida? Isso depende de cada um. Em um grupo de cem pessoas, encontraremos cem maneiras diferentes. Cada pessoa precisa encontrar a própria maneira. Assim como cada escritor precisa descobrir a sua narrativa e o seu estilo de escrita.

Vou citar novamente o exemplo de Franz Kafka. Ele faleceu jovem, com quarenta anos, de tuberculose. Pelas obras deixadas, imaginamos que tenha sido uma pessoa nervosa e fisicamente frágil, mas parece que ele se preocupava seriamente com o próprio condicionamento físico. Ele era um vegetariano ferrenho, no verão nadava 1,6 km por dia no rio Moldava e praticava exercícios diários. Eu gostaria de ter visto Kafka praticando exercícios com uma expressão séria.

Ao longo da vida e com a maturidade, e depois de muitas tentativas e muitos erros, encontrei, a custo, a minha própria maneira. Trollope e Kafka também encontraram, cada qual, a sua maneira. Eu gostaria que você também encontrasse a sua. Tanto no aspecto físico como no espiritual, as circunstâncias são diferentes para cada um. Creio que cada indivíduo tem a própria teoria. Se o meu modo de viver servir como referência, por pouco que seja, já ficarei muito feliz.

VIII. Sobre escolas

Neste capítulo vou falar sobre escolas. Quero falar sobre aquilo que a escola (o lugar ou o ambiente) representou, e como a educação escolar foi útil — ou inútil — para mim, que sou romancista.

Meus pais eram professores e eu dei algumas aulas em universidades americanas (apesar de não ter licenciatura). Mas, sendo bem sincero, desde criança não me adaptei bem ao sistema educacional. Não tenho lembranças muito boas daquela época, e não gosto de falar sobre isso. Sinto até umas coceiras na nuca quando lembro. Bem, talvez o problema não esteja na escola, mas em mim.

De qualquer forma, lembro que, quando concluí a faculdade depois de muito custo, pensei: *Ah, que bom. Já não preciso mais frequentar instituições de ensino*. Foi como se eu tivesse finalmente tirado um peso das costas. Acho que nunca senti saudade da escola.

Então, por que quero falar sobre isso agora?

Deve ser porque senti que está na hora de organizar as minhas ideias e falar, sob a perspectiva de uma pessoa que está bem longe da escola, sobre a experiência que tive com a educação de forma geral. Ou melhor, senti que, para falar de mim, deveria esclarecer os aspectos relacionados à escola. Talvez também tenha sido influenciado pelas conversas que tive com alguns jovens que passaram pela experiência de ser contra (ou de não conseguir) frequentar uma escola.

Para ser bem sincero, nunca gostei muito de estudar, desde o primário até a faculdade. Eu não tirava notas péssimas nem era um dos piores alunos, acho até que as minhas notas eram relativamente boas, mas eu não gostava muito de estudar e, na prática, acabava não estudando muito. Em Kobe, frequentei um colégio público de segundo grau bem grande que preparava os alunos para o vestibular, onde havia mais de seiscentos alunos por série. Como faço parte da geração do baby boom, as turmas ficavam superlotadas. A lista dos alunos que tiravam as melhores notas em cada matéria nos exames periódicos tinha cinquenta nomes (se não me engano). Mas o meu nunca apareceu na lista, ou seja, nunca estive entre os *alunos excelentes*. Bom, na melhor das hipóteses, eu era um dos alunos de nível médio-alto.

Eu não levava os estudos a sério por um motivo bem simples: primeiro, achava muito chato. Estudar não despertava o meu interesse, ou melhor, havia muitas outras coisas mais divertidas do que isso, como ler, escutar música, assistir a filmes, nadar no mar, jogar beisebol, brincar com os gatos... Depois de crescer mais um pouco, varava a noite jogando mahjong com os amigos, saía com garotas... essas coisas. Comparado com isso, estudar era bem chato. Pensando bem, é normal pensar assim, não é?

Mas eu não achava que estava negligenciando os estudos só porque queria me divertir. Pois sabia, no fundo, que ler muitos livros, ouvir músicas de forma compenetrada — e até sair com garotas — eram um estudo pessoal bastante importante para mim. Em certo sentido, mais importante até do que os exames escolares. Não lembro até que ponto isso estava claro para mim, em que medida eu tinha consciência disso na época, mas acho que eu conseguia entender que estudar era chato. Naturalmente eu tomava a iniciativa de estudar os assuntos que me interessavam.

Além disso, nunca tive muito interesse em disputas. Não quero parecer um cara legal, mas eu realmente não me sentia atraído por notas, classificação e pontuação-padrão (agora os alunos têm que se preocupar desde cedo com as suas notas e com a média dos alunos de sua idade para saber em que escola ou faculdade poderão ingressar; felizmente não era assim na minha época). Acho que sou assim desde que nasci. Até tenho certa tendência competitiva (dependendo do assunto), mas não tenho vontade de disputar com outras pessoas.

De qualquer forma, o mais importante para mim nessa época era ler. E óbvio que no mundo há muitos livros bem mais excitantes e com conteúdo mais profundo do que os didáticos. Lendo os livros que não eram para a escola, eu tinha a nítida sensação de que o conteúdo deles se tornava meu sangue e minha carne, ou seja, parte de mim. Por isso não consegui me dedicar seriamente aos estudos para o vestibular. Eu achava que decorar mecanicamente datas e palavras em inglês nunca seria útil no futuro. O conhecimento técnico decorado mecanicamente, e não adquirido de modo sistemático, se perde com o tempo, sendo sugado para algum lugar — um lugar escuro, como um cemitério do conhecimento. A maior parte desse conhecimento não precisa ficar guardada na memória para sempre.

As coisas que permanecem no coração e que não desaparecem com o tempo são muito mais importantes. Isso parece óbvio, não é? Mas esse tipo de conhecimento não possui utilidade imediata. Demora muito até que ele manifeste o seu valor real. Infelizmente ele não terá influência direta sobre a nota da prova que acontecerá daqui a pouco. O conhecimento que tem utilidade imediata e o que não tem são como uma chaleira pequena e uma grande, respectivamente. A pequena é prática porque nela a água ferve em pouco tempo, só que também esfria rápido. Em contrapartida, a água da chaleira grande demora para ferver, mas conserva o calor por mais tempo. Uma não é melhor do que a outra; cada uma tem a sua utilidade e a sua vantagem. O importante é usar cada uma delas de forma adequada.

Mais ou menos no meio do ensino médio, comecei a ler romances em inglês. Eu não era especialmente bom no idioma, mas queria ler coisas que ainda não tinham tradução para o japonês, então comprei uma pilha de livros de bolso em um sebo próximo ao porto de Kobe e li um por um, aleatoriamente, mesmo sem entender direito o que lia. Tudo começou por curiosidade. Depois de um tempo me *familiarizei*, ou seja, passei a conseguir ler sem muita dificuldade. Na época muitos estrangeiros moravam em Kobe e havia também vários marinheiros, por causa do grande porto, e eles vendiam inúmeros livros ocidentais para o sebo. Eu costumava ler romances policiais e de ficção científica que tivessem uma capa chamativa cujo inglês não fosse muito difícil de entender. Naturalmente um colegial como eu não tinha condições de ler coisas como James Joyce ou Henry James. De qualquer forma, comecei a conseguir ler os livros em inglês do começo ao fim. Bem, a curiosidade é muito importante. Mas, mesmo assim, as minhas notas de inglês na escola não melhoraram nem um pouco. Continuaram sendo bem medianas.

Por quê? Nessa época pensei muito a respeito. Havia muitos alunos que tiravam notas melhores do que as minhas nas provas de inglês, mas acho que eles não conseguiriam ler um livro inteiro em inglês. Mas, além de conseguir, eu ainda me divertia. Por que as minhas notas ainda não eram boas? Depois de refletir muito, compreendi que as aulas de inglês do segundo grau do Japão não têm o objetivo de fazer com que os alunos aprendam o inglês usado na prática.

Então, qual é o objetivo das aulas de inglês? Fazer com que os alunos tirem notas altas nas provas de inglês do vestibular: essa é uma de suas únicas funções. Pelo menos para os professores de inglês do colégio público que frequentei, ler livros em inglês e conversar sobre assuntos do dia a dia com um estrangeiro eram coisas insignificantes (não digo *desnecessárias*). Decorar o maior número possível de palavras difíceis, aprender a estrutura do pretérito perfeito do subjuntivo e saber utilizar de forma correta as preposições e os artigos eram mais importantes.

É claro que esses conhecimentos são necessários. Especialmente depois que comecei a trabalhar como tradutor, senti que me faltava esse tipo de conhecimento básico. Mas esses detalhes técnicos podem ser adquiridos a qualquer momento, basta querer. Ou podemos adquiri-los conforme a necessidade enquanto fazemos a tradução. Mais importante do que isso é o objetivo: "Para que eu estudo esse idioma?". Se o objetivo não estiver bem definido, o estudo será apenas uma *tarefa árdua*. Eu, por exemplo, tinha um objetivo bem claro: ler romances em inglês.

A língua é viva. Tanto os falantes quanto a língua precisam ser flexíveis. Eles devem se mover livremente e encontrar uma interseção. Isso é uma coisa óbvia, mas dentro do sistema escolar esse modo de pensar não era nada óbvio. Acho isso muito ruim. Significa que o sistema educacional e o meu sistema não combinavam. Por isso, a escola não era um lugar muito divertido para mim, mas eu não faltava nenhum dia, porque tinha bons amigos e havia garotas bonitas na minha sala.

Naturalmente estou falando da época em que eu frequentava a escola, há quase meio século. Acho que a situação mudou bastante desde então. O mundo está ficando cada vez mais globalizado, as instalações melhoraram com a introdução de computadores e outros aparelhos; tudo deve estar bem mais prático. Mas, por outro lado, sinto que o cerne do sistema educacional e o seu pensamento básico não mudaram muito nesse período. Em relação a línguas estrangeiras, parece que ainda hoje a única forma de aprender a falar continua sendo viajar ao exterior por conta própria. Nos países da Europa, por exemplo, a maioria dos jovens fala e lê em inglês com facilidade (e, por causa disso, editoras de vários países não conseguem vender os livros traduzidos para o idioma local). Entretanto, no Japão, parece que ainda existem muitos jovens com dificuldades para *usar* o inglês, tanto para falar como para ler ou escrever. Considero que esse seja um problema grave. Não adianta nada começar a ensinar inglês no primário se o sistema educacional não melhorar. Somente a indústria relacionada à educação sairá lucrando.

Isso não se aplica apenas ao ensino de um idioma estrangeiro. Penso que, em praticamente todas as disciplinas, o sistema educacional do Japão não leva muito em consideração o desenvolvimento flexível das qualidades individuais. Parece que até hoje se busca ensinar técnicas para o vestibular, além de tentar incutir o conhecimento na cabeça dos alunos, seguindo um manual. Os professores e os pais ora se alegram, ora se desesperam com o número de alunos aprovados em determinadas universidades. É lamentável.

Quando eu estava na escola, meus pais e meus professores me advertiam: "Estude com afinco enquanto estiver na escola. Caso contrário, você se arrependerá depois, pensando que deveria ter estudado mais quando jovem". Mas, depois que saí da escola, nunca pensei assim. Pelo contrário, até me arrependo, pensando: *Eu deveria ter sido mais livre e ter feito mais coisas que queria quando estava na escola. Perdi o meu tempo decorando aquelas coisas chatas.* Bem, talvez eu seja uma exceção.

Sempre me empenho e vou até o fim quando me interesso por algo. Não paro no meio das coisas e penso ser o suficiente. Vou a fundo até me dar por satisfeito. Mas não me empenho muito naquilo que não me interessa. Ou melhor, não tenho vontade de me empenhar. Desde jovem consigo distinguir claramente as duas coisas. Não sou bom em fazer as coisas que outras pessoas mandam (principalmente quando é alguém hierarquicamente superior a mim).

Acontece o mesmo com esportes. Desde o primário até a faculdade eu detestava as aulas de educação física. Era um grande sofrimento ser obrigado a vestir aquele uniforme, ir ao ginásio e praticar exercícios que eu não queria. Por isso sempre achei que eu não era bom em esportes. Mas depois que comecei a trabalhar e decidi me exercitar por conta própria, adorei a experiência. Fiquei maravilhado: "Praticar esportes é tão divertido assim?". Mas, afinal das contas, o que me obrigavam a fazer na escola? Fiquei abismado com a conclusão à qual cheguei. Bom, as pessoas são diferentes umas das outras e não podemos simplesmente generalizar, mas cheguei a pensar de forma exagerada: *a aula de educação física serve para fazer com que os alunos odeiem esportes.*

Se pudéssemos dividir as pessoas em dois grupos, cães e gatos, é quase certo que eu faria parte do segundo grupo. Afinal, tenho a tendência de virar para a esquerda quando me falam para virar à direita, e de virar para a direita quando me falam para virar à esquerda. Às vezes acho que eu não deveria ser assim, mas, para o bem ou para o mal, o meu temperamento é esse, por mais que no mundo existam pessoas diferentes. Entretanto, com base na minha experiência, digo que o objetivo do sistema educacional do Japão é criar pessoas da categoria dos "cães", úteis à comunidade, e, indo além, diria até que o seu objetivo é criar pessoas da categoria dos "carneiros", que se deixam ser levadas com as demais.

Não é somente na escola que existe essa tendência; parece que ela alcança todo o sistema social japonês, especialmente empresas e organizações governamentais. E essa tendência (a rigidez da *valorização dos resultados numéricos* e a priorização do que é imediato e utilitário, como a que vimos na *decoreba mecânica*) está provocando danos graves em várias áreas. Por algum tempo, o sistema que priorizava o *utilitário* funcionou bem. Talvez ele tenha sido adequado à época em que o objetivo e a meta de toda a sociedade estavam bem definidos e as pessoas eram incentivadas a sempre *seguir em frente*. Mas, posteriormente à reconstrução do país pós-Segunda Guerra Mundial, para além do rápido crescimento econômico e do estouro da bolha, já não se pode dizer que devemos *sempre avançar, todos juntos, em direção ao mesmo objetivo*. Afinal, o nosso futuro já não pode mais ser visualizado através de uma única perspectiva.

Certamente o mundo teria problemas se todos fossem egocêntricos como eu. Mas, voltando ao exemplo das chaleiras, a grande e a pequena têm a própria função na cozinha. Precisamos escolher uma das duas conforme a necessidade e o objetivo: a isso chamamos sabedoria humana. Ou bom senso. A sociedade funciona de forma harmoniosa e eficiente quando diferentes visões de mundo e diversos modos de pensar, de variados tipos, combinam-se de forma adequada. Isso é chamado de *sofisticação do sistema*.

Sim, toda sociedade precisa de consenso. Sem ele, a sociedade não pode continuar existindo. Mas, ao mesmo tempo, as *exceções* que são as minorias um pouco afastadas do consenso também precisam ser respeitadas e levadas em consideração. O equilíbrio entre as duas partes é essencial em uma sociedade madura. Através dele, a sociedade passa a ter profundidade e reflexão. Mas, a meu ver, o Japão contemporâneo ainda não conseguiu mudar o seu rumo para essa direção.

Vou usar como exemplo o acidente nuclear de Fukushima que ocorreu em março de 2011. Acompanhando as notícias, fiquei arrasado ao pensar: *Será que o acidente não foi uma catástrofe inevitável provocada pelo sistema social do Japão, ou seja, pelo próprio homem?* Acho que muitas pessoas pensaram como eu.

Por causa dessa tragédia, dezenas de milhares de pessoas tiveram de deixar a sua terra natal e não há nenhuma perspectiva de poderem voltar para casa. Quando penso nisso, meu coração fica apertado. A causa direta da tragédia foi a catástrofe natural que quase ninguém esperava, somada a algumas coincidências infelizes. Mas, em minha opinião, a situação chegou a esse nível fatal por causa de uma falha estrutural do sistema social japonês e da *distorção* consequente: a falta de pessoas que tenham discernimento e sejam capazes de assumir responsabilidades. É a nociva valorização da eficiência desprovida da capacidade de imaginação, de *imaginar* a dor alheia.

A energia nuclear foi instituída como política nacional à força, só por ser *economicamente eficiente*, e os riscos potenciais (que já haviam se concretizado diversas vezes de diferentes formas) foram intencionalmente ocultados dos olhos públicos. Ou seja, hoje estamos pagando o preço disso. Precisamos pensar melhor sobre a ideia de *sempre seguir em frente* enraizada no sistema social japonês, apontar os seus problemas e corrigi-los, pois, caso contrário, poderá acontecer outra tragédia.

A opinião de que a energia nuclear é imprescindível para um lugar como o Japão, que não possui recursos, talvez faça algum sentido. A princípio sou contra o uso da energia nuclear, mas considero que *talvez* possa haver alguma margem para discussão se a usina for administrada com cautela por uma pessoa confiável, se a sua operação for supervisionada rigorosamente por alguém sério e se todas as informações forem divulgadas corretamente ao público. Entretanto, surge um risco assustador quando uma instalação capaz de causar danos fatais e de destruir um país inteiro (o acidente nuclear de Tchernóbil foi uma das causas da dissolução da União Soviética) é administrada por uma empresa com fins lucrativos que *valoriza os resultados numéricos e a eficiência*, que por sua vez é *orientada* e *supervisionada* por uma organização governamental burocrática que valoriza a *decoreba mecânica* e a *comunicação de cima para baixo*. Ela pode poluir o território nacional, destruir a natureza, prejudicar a saúde da população, acabar com o moral nacional e fazer com que muitas pessoas tenham que sair do lugar onde vivem. Na verdade, foi *exatamente isso* que aconteceu em Fukushima.

Acabei mudando de assunto, mas para mim a contradição do sistema educacional do Japão está diretamente ligada à contradição do seu sistema social. Bem, talvez seja o inverso. De qualquer forma, já não temos mais margem para resguardar a contradição.

Assim, vamos voltar ao assunto da escola.

Na segunda metade da década de 1950 e na década de 1960, quando eu ainda era jovem, o bullying e a recusa em ir à escola ainda não eram tão graves quanto nos dias de hoje. Isso não significa que as escolas e o sistema educacional não tivessem problemas (acho que tinham muitos), mas eu, pelo menos, quase nunca via bullying ou alunos se recusando a ir à escola. Acontecia um pouco, mas não era tão grave.

Acho que, por fazer pouco tempo que o Japão tinha saído da Segunda Guerra Mundial, o país inteiro ainda estava relativamente pobre e todos tinham uma meta bastante clara: *reconstrução* e *desenvolvimento*. Apesar dos problemas e das contradições, o clima era bem positivo. Acho que esse tipo de *direcionamento* da sociedade exercia uma influência invisível sobre as crianças. A negatividade quase não tinha força no cotidiano infantil. Pelo contrário, havia o seguinte pensamento otimista: *Se continuarmos nos esforçando, os problemas e as contradições ao nosso redor desaparecerão*. Por isso, apesar de não gostar muito de escola, eu a frequentava sem muitos questionamentos, achando que era normal fazer isso.

Mas hoje em dia o bullying e a recusa em ir à escola são graves problemas sociais, e é raro o dia em que esses assuntos não são noticiados na imprensa. Muitas crianças que sofrem bullying acabam se matando. É uma verdadeira tragédia. Várias pessoas dão a sua opinião sobre o assunto, inúmeras medidas sociais estão sendo tomadas, mas não há nenhum sinal de que esse problema esteja caminhando para uma solução.

O problema não é só o bullying entre as crianças. Parece que o problema está também nos próprios professores. Alguns anos atrás, uma aluna de um colégio de Kobe morreu presa no pesado portão da escola porque um professor o fechou em cima dela quando tocou o sinal de início das aulas. O professor se justificou dizendo: "Fomos obrigados a fazer isso porque muitos alunos estavam chegando atrasados". É claro que o atraso não é uma coisa louvável, mas não precisamos pensar muito para concluir qual dos dois é mais importante: um atraso de alguns minutos ou a vida de uma pessoa.

Na cabeça desse professor a instrução de "não permitir o atraso" tomou uma proporção anormal, a ponto de lhe fazer perder a visão equilibrada de mundo. O senso de equilíbrio deveria ser a característica mais importante em um educador. No jornal também foi publicado o comentário do pai de um aluno: "Mas ele era um bom professor, bastante dedicado". Acho que a pessoa que faz um comentário desses também tem problemas. Como fica a aluna que foi assassinada por esmagamento no portão?

Consigo imaginar escolas que esmagam e matam alunos no sentido figurado, mas uma escola que esmaga e mata uma aluna literalmente já está muito além da minha imaginação.

Esse sintoma educacional doentio (para mim podemos chamá-lo assim) nada mais é do que o reflexo do sintoma doentio do sistema social. Mesmo que o sistema educacional apresente alguns problemas, se a sociedade como um todo possui um vigor natural e uma meta bem definida, a *instituição de ensino* consegue superá-los de alguma forma. Mas, quando a sociedade já perdeu seu vigor e a sensação de estagnação está presente em todo lugar, quem sofre mais os seus efeitos, quem recebe a sua influência de forma mais clara, é o sistema de ensino. Ou seja, é a escola, a sala de aula. As crianças são como canários num poço de mina: sentem esse clima impuro antes de qualquer outra pessoa.

Como já citei, quando eu era criança a sociedade tinha *margem para crescer*. Por isso problemas como o conflito entre o indivíduo e a sociedade eram absorvidos por esse espaço e não chegavam a ser um grave problema social. Como toda a sociedade estava em movimento, esse panorama absorvia as várias contradições e frustrações. Em outras palavras, havia margem ou espaço para fugirmos, aqui e ali, quando ficávamos em apuros. Mas, depois que terminou a fase do rápido crescimento econômico e que a bolha estourou, ficou difícil encontrarmos algum refúgio. Já não pudemos mais deixar os problemas nas mãos do grande fluxo, pois isso não resolveria nada.

Precisamos encontrar um novo método para solucionar esse problema sério da educação — provocado por uma sociedade *onde falta um lugar de refúgio*. Mas, pela ordem, antes de encontrarmos a solução, precisamos criar um espaço para tentarmos buscar essa solução.

Como seria esse espaço?

Seria um local onde o indivíduo e o sistema pudessem chegar a um acordo mais eficiente para ambas as partes, movendo-se livremente e realizando negociações pacíficas. Em outras palavras, um lugar onde cada pessoa pudesse estender os braços e as pernas livremente e respirar com calma. Um lugar onde possamos nos afastar do sistema, da hierarquia, da eficiência, do bullying etc. Seria um local de refúgio temporário e aconchegante. Qualquer um poderia entrar e sair dele livremente. Seria um local intermediário e flexível entre o *indivíduo* e a *comunidade*. Cada um pode decidir a posição em que vai ficar. Eu gostaria de chamá-lo provisoriamente de *espaço para recuperação do indivíduo*.

No começo pode ser um espaço pequeno. Não precisa ser nada grandioso. Pode ser artesanal, onde várias atividades possam ser experimentadas, e, se alguma der certo, ser desenvolvida como um modelo, um material inicial. E esse espaço poderá ser ampliado aos poucos. É assim que penso. Talvez leve algum tempo, mas acho que é um método mais correto e consistente. Desejo que esse tipo de espaço seja gestado em vários lugares, de forma natural e espontânea.

A pior solução seria o ministério de Educação, Cultura, Esporte, Ciência e Tecnologia do Japão impor um sistema como esse de cima para baixo. Estamos discutindo a questão da *recuperação do indivíduo*, e, se o governo tentar resolvê-la de forma institucional, será como colocar o carro à frente dos bois, ou criar uma espécie de farsa.

Vou falar do meu caso. Pensando agora, o maior consolo que tive na época em que frequentava a escola foram alguns bons amigos e os muitos livros que li.

E por falar em leitura, li tudo o que encontrava à minha frente, livros dos mais variados tipos. Todos os dias, eu me ocupava em saborear e digerir cada um deles (muitos eu não consegui digerir) e praticamente não sobrava tempo para pensar sobre outras coisas. Às vezes penso que foi melhor assim. Se eu olhasse à minha volta, se refletisse sobre as coisas, as contradições e as mentiras, e investigasse seriamente aquilo com que não me conformava, talvez eu tivesse sofrido mais, me sentindo pressionado rumo a um beco sem saída.

Ao mesmo tempo, o fato de ter lido avidamente vários tipos de livro serviu para *relativizar* a minha perspectiva, e isso teve um grande significado para mim durante a adolescência. Foi como se eu tivesse vivido as diversas emoções narradas nos livros, dentro da imaginação, eu me movia livremente no tempo e no espaço, via várias paisagens curiosas. Várias palavras passaram pelo meu corpo e, como consequência, a minha perspectiva se tornou múltipla. Ou seja, eu não só observava o mundo do ponto onde me encontrava, como também conseguia observar a minha própria imagem que observava o mundo, de um lugar um pouco afastado e de forma relativamente objetiva.

Se observarmos as coisas apenas do nosso ponto de vista, o mundo parecerá cada vez mais irreparável. O nosso corpo enrijecerá e perderemos a agilidade e a mobilidade. Mas quando conseguirmos observar o lugar onde estamos sob diferentes ângulos, ou seja, quando conseguirmos confiar a nossa existência a um sistema diferente, o mundo se torna tridimensional e flexível. Acho que isso é importante para todo mundo. O fato de eu ter aprendido isso através da leitura foi bastante significativo para mim.

Se não existissem livros, se eu não tivesse lido vários deles, provavelmente a minha vida seria mais triste e dura do que ela é hoje. Ou seja, para mim, a leitura foi uma grande escola. Uma escola construída sob medida para mim e administrada de forma personalizada. Nela, aprendi muitas coisas importantes por conta própria. Sem regras conservadoras, sem avaliação com notas, sem disputas intensas por uma boa classificação. Naturalmente, sem bullying. Eu estava inserido em um grande *sistema*, mas ao mesmo tempo tinha conseguido garantir o meu próprio *sistema*.

O que imagino como o *espaço para a recuperação do indivíduo* é parecido com isso. Mas ele não deve contar somente com a leitura. O *espaço* tem que ser personalizado, e lá as crianças devem poder encontrar o que combina com elas, o que está à sua altura, e desenvolver suas habilidades no próprio ritmo. Acho que se as crianças que não conseguem se familiarizar com o atual sistema educacional, que não conseguem se interessar muito pelos estudos na sala de aula, encontrarem esse *espaço para a recuperação do indivíduo*, elas conseguirão superar o *muro do sistema*. Mas, para isso, é necessário o apoio da comunidade e da família, que precisa compreender e avaliar corretamente essa atitude, ou seja, o *modo de viver como indivíduo*.

Meus pais eram professores de língua japonesa (minha mãe parou de trabalhar quando se casou) e, por isso, quase nunca reclamaram do fato de eu ler muito. Eles não estavam satisfeitos com as minhas notas, mas não diziam: "Estude para a prova em vez de ficar com esses livros". Talvez eles até tenham dito isso algumas vezes, mas não ficou guardado na minha memória, então não devem ter feito isso com frequência. Acho que esse é um dos motivos pelos quais preciso agradecer aos meus pais.

Vou repetir: não consegui gostar muito do *sistema* escolar. Tive alguns bons professores e aprendi coisas importantes lá, mas, mesmo assim, houve muito mais pontos negativos, já que a maioria das aulas era muito chata. Quando me formei no colégio, pensei: *Acho que já chega de tantas chatices*. Bem, mesmo pensando assim, na vida as coisas chatas caem do céu e brotam do chão uma após a outra, sem piedade.

De qualquer forma, acho que a maior parte das pessoas que adoravam a escola, daquelas que se sentem tristes porque não podem mais frequentá-la, não se torna romancista. Afinal de contas, romancistas são pessoas que constroem o próprio mundo dentro da mente, um após o outro. Acho que durante as aulas eu vivia no mundo da fantasia, sem ouvir direito o que os professores falavam. Se eu fosse criança hoje, acho que não me adaptaria à escola e me recusaria a frequentá-la. Quando era adolescente, não era comum que os alunos se recusassem a frequentar a escola, e acho que por isso não conseguia nem imaginar a ideia de *faltar à aula*.

A imaginação tem grande importância em qualquer época, em qualquer sociedade.

O oposto extremo da imaginação é a *eficiência*. No fundo, dezenas de milhares de pessoas foram expulsas de Fukushima por causa da eficiência. A ideia de que *a energia nuclear é bastante eficiente e, portanto, boa* e o *mito de segurança* forjado com base na primeira ideia provocaram a situação trágica, o desastre irreversível. Podemos dizer que foi uma derrota da nossa imaginação. Mas ainda não é tarde demais. Precisamos construir o ambiente propício para que as pessoas pensem livremente e tenham ideias diversas — para que se possa combater o conceito perigoso e simplista chamado *eficiência*. E precisamos fazer com que a *comunidade* também pense assim.

Mas não estou pedindo que a educação escolar *enriqueça a imaginação das crianças*. Não peço uma mudança tão drástica. Quem pode enriquecer a imaginação das crianças são as próprias crianças, e não os professores ou as escolas. Muito menos a política educacional dos governos nacional ou local. Afinal, nem todas as crianças possuem uma imaginação rica, assim como nem todas têm talento para esportes. Há crianças com muita imaginação e outras com pouca, e as segundas provavelmente manifestam um talento excepcional em outra área. Isso é natural. A sociedade é assim. Se for definida uma *meta geral*, como a de *enriquecer a imaginação das crianças*, o resultado não vai ser nada bom.

Só espero que as escolas não suprimam *a imaginação das crianças*. Basta isso. Desejo que seja oferecido para cada individualidade o seu local de sobrevivência. Assim, a escola se tornará um lugar mais pleno e livre. Ao mesmo tempo, a própria sociedade se tornará um lugar mais pleno e livre.

Essa é minha opinião, mas isso não muda muita coisa.

IX. Que tipo de personagens vou criar?

Muitas vezes me perguntam: "Você se baseia em pessoas de verdade para criar seus personagens?". Geralmente a resposta é não, mas em partes isso pode ser verdade. Já escrevi muitos romances, e só duas ou três vezes criei um personagem sabendo desde o início que me basearia em uma pessoa que conheço. Quando escrevia, ficava preocupado achando que alguém (principalmente a própria pessoa) poderia perceber quem era o modelo, já que algumas características podem ser bem marcantes, mas, felizmente, ninguém nunca veio comentar isso comigo. Criei o personagem tendo em mente uma pessoa, mas, como tomei muito cuidado e modifiquei bastante seus traços, acho que ninguém percebeu. Provavelmente nem a própria pessoa.

Entretanto, muitas pessoas afirmam confiantes: "Tal personagem foi baseado em fulano, não é?", quando os personagens são completamente inventados, criados na minha mente, sem que eu tenha me inspirado em ninguém. Há gente que até afirma de forma categórica: "Esse personagem é baseado em mim". Somerset Maugham já relatou que ficou surpreso ao ser processado por uma pessoa completamente desconhecida, cujo nome nunca tinha ouvido, que alegava ter sido usada como modelo de determinado personagem. Todos os personagens de Maugham costumam ser bastante realistas e algumas vezes maldosos (descritos de forma satírica, no bom sentido), e é compreensível que causem uma reação forte nas pessoas. Algumas podem ler essa descrição ardilosa dos personagens e concluir que estão sendo criticadas ou ridicularizadas.

Muitas vezes os personagens das minhas obras são criados de forma natural, conforme o desenrolar do enredo. Exceto em alguns poucos casos, nunca decido de antemão a personalidade do personagem que vou criar. À medida que vou escrevendo, o eixo das características dos personagens vai sendo criado naturalmente e vários detalhes surgem com espontaneidade. Assim como fragmentos de ferro são atraídos por ímã. Algumas vezes me acontece perceber mais tarde: "Talvez esse personagem se pareça um pouco com aquela pessoa". Mas nunca crio um personagem pensando desde o início: "Desta vez vou usar as características daquela pessoa". A criação dos personagens é feita, na maior parte, de forma automática. Ou seja, quando crio um personagem, acho que basicamente extraio e combino de forma quase inconsciente os fragmentos de informações guardados nas gavetas do meu cérebro.

Uma parte importante desse trabalho de criar os personagens é feita pelo que chamo de "minirrobôs". Quando dirigi um carro de câmbio automático pela primeira vez, pensei: *Deve ter alguns minirrobôs dentro da caixa de câmbio fazendo essa manobra, cada um sendo responsável por uma função diferente.* Até senti um pouco de medo, pois o carro poderia parar de repente numa autoestrada se eles entrassem em greve e reclamassem: "Cansamos de trabalhar tanto para os outros. Hoje vamos descansar!".

As pessoas riem quando digo isso, mas, de qualquer forma, os "minirrobôs" que habitam o meu inconsciente têm trabalhado duro para *criar os personagens* (mesmo que reclamando). Eu apenas transcrevo as características que eles ditam para mim. Naturalmente o texto inicial é reescrito várias vezes e sofre transformações. O ato de reescrever a obra já não é tão automático assim; ele é mais consciente e lógico. Mas a criação do protótipo do personagem é fruto de um trabalho bem inconsciente e intuitivo. Ou melhor, tem que ser assim. Caso contrário, acabarão sendo criados personagens pouco verossímeis e *sem vida própria*. Por isso delego todo o processo inicial aos "minirrobôs".

Acho que, da mesma forma que precisamos ler muitos livros para escrever romances, temos que conhecer muitas pessoas para criar personagens.

"Conhecer pessoas" não significa *entender as pessoas a fundo*. Basta prestar um pouco de atenção nas peculiaridades da sua aparência, das suas ações e falas. E também é importante observar não só as pessoas agradáveis, mas também as chatas e até as repugnantes, sem distinção. Afinal, se criarmos apenas personagens agradáveis, interessantes e compreensíveis, o romance não terá amplitude (a longo prazo, quero dizer). A narrativa progride quando personagens de diferentes tipos agem de formas variadas, colidindo uns com os outros e modificando a situação. Por isso, mesmo quando deparamos com uma pessoa desagradável, não devemos desviar os olhos dela; é importante notar seus pontos principais, observar quais características são desagradáveis e por que o são.

Muito tempo atrás (acho que eu tinha cerca de 35 anos) alguém me disse: "Não existem pessoas más nos seus romances" (depois fiquei sabendo que Kurt Vonnegut Jr. também ouviu o mesmo tipo de comentário de seu pai). Pensei: "Talvez ele tenha razão", e desde então procurei inserir, de forma consciente, personagens maldosos nas minhas obras. Mas a tentativa não deu muito certo, pois nessa época eu estava com mais interesse em criar um mundo pessoal — harmonioso, por assim dizer — do que em compor obras muito complexas. Antes de tudo eu precisava criar e estabilizar o meu próprio mundo, uma espécie de abrigo, para enfrentar o mundo real e selvagem.

Porém, com o passar dos anos, à medida que fui amadurecendo (como pessoa e como escritor), digamos assim, aos poucos passei a conseguir dispor personagens com tendências maldosas ou não harmônicas. Isso aconteceu porque eu tinha conseguido criar o meu próprio mundo de ficção que funcionava relativamente bem. Em seguida, senti necessidade de acrescentar amplitude, profundidade e dinamismo maiores a esse mundo. Para isso, senti uma forte necessidade de diversificar os personagens e multiplicar as suas ações.

Além disso, tive diversas experiências na vida. Com trinta anos, quando passei a ser escritor profissional, me tornei uma pessoa pública e, gostando ou não, fui muito pressionado. Não sou do tipo que toma a iniciativa de aparecer em público, mas às vezes fui colocado sob os holofotes contra a minha vontade. Em alguns momentos tive que fazer coisas que não queria e até fui traído por uma pessoa próxima, o que me deixou decepcionado. Houve pessoas que fizeram elogios falsos querendo me usar em proveito próprio e outras me insultaram desnecessariamente. Outras me caluniaram. Passei também por muitas experiências estranhas e inimagináveis.

Toda vez que deparava com acontecimentos negativos, eu procurava observar detalhadamente o comportamento, as ações e as falas das pessoas envolvidas. Pensava: *Já que tenho que passar por situações indesejadas, vou tentar obter algum proveito disso* (ou seja, eu tinha que fazer valer a experiência). Naturalmente eu ficava magoado e desanimado, mas hoje sinto que elas proporcionaram muito material para mim como romancista. Claro que passei por muitas experiências divertidas e maravilhosas, mas, por alguma razão, me recordo mais das negativas. Em vez de me lembrar das coisas agradáveis, guardei mais aquelas de que quero me esquecer. No final das contas, isso deve significar que aprendi mais com as experiências negativas.

Estou me dando conta de que há coadjuvantes interessantes em vários dos meus romances prediletos. O primeiro livro que me vem à cabeça é *Os demônios*, de Dostoiévski. Quem leu sabe bem que esse romance possui muitos coadjuvantes esquisitos. A história é longa, mas não entediante, pois aparecem pessoas excêntricas uma depois da outra, que nos fazem questionar tudo. Provavelmente Dostoiévski tinha muitas gavetas no cérebro.

No caso do romance japonês, Soseki Natsume foi um autor que criou vários personagens bastante diversificados e atraentes. Mesmo aqueles que aparecem pouco têm muita vivacidade e uma presença forte e característica. As suas palavras, expressões e ações simples ficam guardadas na memória, o que é curioso. Quando leio os seus romances, sempre fico admirado, pois quase nenhum personagem é colocado de forma improvisada: "Esta passagem precisa de um personagem assim, vou inseri-lo". Soseki não os escrevia usando somente o cérebro. Sinto que seus personagens são reais. Ousaria dizer que *ele dava a sua vida* para escrever cada frase. Podemos confiar em romances assim. Podemos lê-los despreocupadamente.

Uma das coisas que me deixam mais feliz quando escrevo é a sensação de que posso ser qualquer pessoa, só preciso querer.

Meus primeiros romances foram escritos em primeira pessoa e por quase vinte anos mantive esse estilo. Às vezes escrevia contos em terceira pessoa, mas eu priorizava a outra forma. Naturalmente o "eu" dos romances não é Haruki Murakami (assim como Philip Marlowe não é Raymond Chandler); o "eu" de cada romance é diferente, mas é inevitável que, escrevendo romances em primeira pessoa por muitos anos, a fronteira entre o autor e os personagens fique ambígua, tanto para o autor como para o leitor.

No começo não via problema nisso, ou melhor, um dos meus objetivos era criar e ampliar o mundo de ficção tendo o "eu" fictício como ponto de apoio. Mas aos poucos comecei a sentir que isso não estava sendo suficiente. Quanto maiores e mais longos foram ficando os meus romances, mais restritas e sufocantes se tornaram as narrativas em primeira pessoa. No romance *O impiedoso país das maravilhas e o fim do mundo* usei dois tipos de pronomes pessoais na primeira pessoa do singular, o *boku* e o *watashi*, mais e menos formal, um a cada capítulo — essa foi uma das minhas tentativas de transpor o limite da narrativa em primeira pessoa.

O último romance em que usei apenas a narrativa em primeira pessoa foi *Crônica do pássaro de corda* (escrito entre 1994 e 1995). Mas, como o livro é longo, não consegui usar somente a primeira pessoa, tive que variar um pouco, valendo-me de várias técnicas: introduzi a voz de uma terceira pessoa, uma longa carta... Tentei quebrar a restrição estrutural da narrativa em primeira pessoa. Porém, senti que eu já havia atingido o limite e, no romance seguinte, *Kafka à beira-mar* (2002), usei a narrativa em terceira pessoa em metade da obra. Os capítulos do menino Kafka são narrados em primeira pessoa, como nos romances anteriores, mas os demais capítulos são narrados em terceira pessoa. É um meio-termo, mas foi assim que consegui ampliar o meu mundo ficcional. De qualquer forma, tecnicamente me senti bem mais livre do que quando escrevi *Crônica do pássaro de corda*.

As obras seguintes — *Cinco contos estranhos de Tóquio*, uma coletânea de contos, e *Após o anoitecer*, um romance curto — foram escritas totalmente em terceira pessoa. Parece até que eu estava querendo me certificar de que era capaz de usar essa estrutura nos dois formatos. Como se estivesse testando as diferentes funções ao dirigir um carro esportivo novo por uma estrada montanhosa. Repassando a minha trajetória, percebo que levei quase vinte anos para conseguir escrever somente em terceira pessoa. Demorei muito.

Por que precisei de tanto tempo para fazer essa mudança? Nem eu sei direito o motivo exato. Bem, acho que tanto o meu corpo como a minha psique estavam completamente familiarizados com o ato de escrever em primeira pessoa. Deve ser por isso que demorei tanto. Exagerando um pouco, talvez essa não tenha sido uma simples mudança da pessoa da narrativa, mas uma mudança fundamental de ponto de vista.

Preciso de muito tempo para mudar o modo de fazer as coisas, independentemente do que seja. Por exemplo, demorei até conseguir colocar nome nos personagens. Eu colocava apelidos como "Rato" ou "J", mas nunca nome e sobrenome. Por quê? Nem eu sei. Acho que eu tinha vergonha de colocar nomes. Não sei explicar direito, mas eu achava que soava falso que alguém como eu colocasse nome em uma pessoa (mesmo que essa pessoa fosse um personagem fictício criado por mim mesmo). Talvez isso tenha relação com o fato de que, no começo, eu tinha vergonha até do ato de escrever romances. Isso acontecia porque eu ficava com a impressão de que estava me expondo ao público.

Passei a conseguir colocar nome nos personagens principais a partir de *Norwegian Wood* (1987). Até então, durante cerca de oito anos, eu só havia escrito romances em primeira pessoa em que apareciam personagens sem nome. Pensando agora, percebo que eu me impunha uma regra bastante inconveniente e trabalhosa, mas isso não me incomodava muito. Achava normal escrever assim.

Mas, à medida que meus romances se tornaram longos e complexos, passei a achar inconveniente o fato de os personagens não terem nome. Se aumentava o número de personagens e eles não tinham nome, naturalmente a história ficava confusa. Por isso, quando escrevi *Norwegian Wood*, decidi *dar nome* aos personagens. Não foi fácil, mas eu fechava os olhos e escolhia os nomes com determinação. Depois disso, passei a encontrar os nomes ideais sem grandes problemas. Hoje consigo escolher os nomes aleatoriamente e com certa facilidade. Até lancei o romance *O incolor Tsukuru Tazaki e seus anos de peregrinação*, que tem o nome do personagem principal no título. Em *1Q84*, a narrativa ganhou impulso e avançou quando decidi que a personagem principal se chamaria Aomame. Nesse sentido, nomes de personagens são muito importantes para as narrativas.

Toda vez que escrevo um novo romance, procuro estabelecer uma ou duas metas concretas (geralmente metas técnicas e quantificáveis), como desafios daquela obra. Gosto de escrever dessa forma. Quando realizo o desafio e passo a fazer algo que não conseguia, tenho a sensação de que estou progredindo como romancista, por pouco que seja. Como se subisse um degrau de cada vez. Uma das coisas incríveis de ser romancista é a possibilidade de me desenvolver e inovar, mesmo com cinquenta, sessenta anos. Quase não há limite. Diferente do que acontece com atletas, por exemplo.

As possibilidades da narrativa aumentaram depois que comecei a escrever romances em terceira pessoa, o número de personagens aumentou e eles passaram a ter nome. Ou seja, passei a conseguir criar personagens de diferentes tipos, matizes, opiniões e visões de mundo, e a narrar uma relação bastante variada entre eles. O mais incrível foi a sensação de que posso ser praticamente qualquer pessoa. Eu já sentia isso quando escrevia em primeira pessoa, mas, quando passei a usar a terceira, o leque se abriu bem mais.

Acho que, quando escrevia em primeira pessoa, eu muitas vezes considerava o personagem (ou o narrador) como *alguém que tinha a possibilidade de ser eu, o autor, em sentido amplo*. O personagem não era exatamente eu, Murakami, mas alguém que, em outro lugar e em outro tempo, poderia ter sido eu. Acho que eu me dividia, me ramificava. E, quando me dividia e me inseria na narrativa, eu examinava o tipo de pessoa que eu era, verificava o que tinha em comum com os outros, ou com o mundo. No início da carreira, escrever em primeira pessoa combinava mais comigo. E a maioria dos meus romances preferidos é narrada em primeira pessoa.

Por exemplo, *O grande Gatsby*, de Fitzgerald, está escrito em primeira pessoa. O personagem principal é Jay Gatsby, mas o narrador é o jovem Nick Carraway. Fitzgerald narra a própria personalidade ao descrever a sutil e dramática alteração das similaridades entre o "eu" (Nick) e Gatsby. Essa perspectiva oferece profundidade à narrativa.

Mas o romance sofre uma restrição por ser narrado sob a perspectiva de Nick, pois é difícil narrar algo que acontece longe do seu campo de visão. Fitzgerald transpõe essas restrições de forma hábil, valendo-se de vários artifícios, utilizando todas as técnicas narrativas. O que ele fez é muito impressionante, mas as técnicas e os artifícios são limitados. Depois de *O grande Gatsby*, ele não usou a mesma estrutura em outros romances.

O apanhador no campo de centeio, de Salinger, também é um romance em primeira pessoa excelente e bastante elaborado, mas o autor também não usou a mesma estrutura posteriormente. Suponho que ele a tenha evitado por receio de criar histórias parecidas por causa das restrições estruturais. Acho que os dois tomaram a decisão certa ao não repetir as estruturas.

Em séries policiais, como a do personagem Marlowe, de Raymond Chandler, a *restrição* ocasionada pela narrativa em primeira pessoa talvez funcione bem por trazer uma rotina familiar (talvez os meus romances da fase inicial, com o personagem Rato, tenham efeito similar). Mas, no caso de romances que não são parte de uma série, essa restrição causa uma sensação sufocante no escritor. Por exemplo, quando escrevi *Crônica do pássaro de corda*, senti que já estava no meu limite e depois procurei explorar novos territórios, dinamizando a narrativa em primeira pessoa de diversas formas.

Assim, no romance *Kafka à beira-mar*, introduzi a narrativa em terceira pessoa em metade da obra. Fiquei aliviado por ter conseguido desenvolver as narrativas do sr. Nakata (velhinho misterioso) e do sr. Hoshino (motorista de caminhão um pouco rude) paralelamente à do menino Kafka. Com isso, passei a conseguir me projetar em outras pessoas, ao mesmo tempo em que me dividia. Ou seja, passei a *confiar o eu dividido a outras pessoas*. Como consequência, aumentei muito minhas possibilidades de combinação. A narrativa também se ramificou de forma complexa, e passei a conseguir desenvolvê-la em várias direções.

Alguns podem dizer: "Então você poderia ter começado a escrever antes em terceira pessoa, pois teria evoluído mais rápido", mas as coisas não são tão simples. Eu não sou muito flexível e, para mudar o ponto de vista da ficção, é preciso que a própria estrutura seja muito modificada. E, para isso, são necessários uma sólida técnica narrativa e um bom condicionamento físico. Por isso só consegui mudar o meu estilo aos poucos, gradualmente, com cuidado. Fazendo uma analogia com o exercício físico, tive que remodelar aos poucos a estrutura óssea e os músculos, conforme o objetivo do exercício. Modificar o corpo exige tempo e esforço.

De qualquer forma, na primeira década de 2000 adquiri um novo veículo chamado narrativa em terceira pessoa, e consegui desbravar um novo território de ficção. Tive uma enorme sensação de liberdade. Quando me dei conta e olhei à minha volta, tive a sensação de que as paredes tinham sumido.

Nem preciso dizer que os personagens são muito importantes para os romances. Os romancistas têm que criar personagens verossímeis, que despertem a curiosidade e que sejam imprevisíveis na trama central da obra. Romances nos quais personagens previsíveis falam e fazem coisas previsíveis não despertam o interesse dos leitores. Naturalmente alguns podem dizer: "Acho que romances que mostram coisas normais descritas de forma normal são excelentes", mas eu não me interesso muito por esse tipo de obra (é uma preferência pessoal).

Entretanto, para mim, *a capacidade dos personagens de fazer a narrativa avançar* é mais importante do que o fato de eles serem *verossímeis, despertarem a curiosidade e serem imprevisíveis.* Naturalmente quem cria os personagens é o autor, mas personagens com vida, no sentido literal da palavra, são aqueles que agem de forma autônoma a partir de determinado momento, tornando-se independentes do seu criador. Não sou o único a dizer isso; com frequência muitos escritores de ficção reconhecem isso. Se esse tipo de fenômeno não ocorresse, escrever ficção seria uma tarefa amarga, árdua e sofrida. Quando o romance começa a deslanchar, os personagens começam a se mover por conta própria, o enredo se desenvolve sozinho e, como resultado, tem início uma situação bastante feliz em que o autor simplesmente escreve o que está se passando na sua frente, diante dos seus olhos. E, em alguns casos, os personagens pegam na mão do autor e o guiam para um lugar completamente inesperado, nunca imaginado antes.

Vou citar um exemplo tirado da minha obra recente, *O incolor Tsukuru Tazaki e seus anos de peregrinação*. Nele, aparece uma personagem bastante atraente chamada Sara Kimoto. Para falar a verdade, eu pensava em fazer um conto, e não um romance, quando comecei a escrevê-lo. Um conto com cerca de sessenta páginas de manuscrito japonês.

Vou resumir a história rapidamente. O personagem principal Tsukuru Tazaki é de Nagoia, e em certa ocasião seus quatro grandes amigos da época do ensino médio dizem que nunca mais querem vê-lo nem conversar com ele. Ninguém explica o motivo. Ele também não pergunta. Ele se forma numa faculdade de Tóquio, arranja um trabalho numa companhia ferroviária e está com trinta e seis anos. Ainda está profundamente magoado por ter sido rejeitado pelos amigos, sem que lhe fosse explicado o motivo, mas esconde essa ferida no fundo do coração e leva uma vida aparentemente tranquila. Está realizado profissionalmente, se dá bem com as pessoas ao redor e já namorou algumas garotas. Porém, não consegue manter um relacionamento com ninguém. Então ele conhece Sara, dois anos mais velha, e começa a sair com ela.

Certa ocasião ele comenta com a moça que foi rejeitado pelos quatro grandes amigos da época do ensino médio. Ela pensa um pouco a respeito e diz que ele deveria voltar imediatamente a Nagoia e tentar descobrir o que aconteceu há dezoito anos. Ela diz: "Você precisa ver as coisas que precisa ver, e não as coisas que *quer* ver".

Para ser sincero, antes de Sara falar isso, ainda não tinha passado pela minha cabeça a possibilidade de Tsukuru Tazaki ir a Nagoia e procurar seus quatro amigos. Eu pretendia escrever uma história relativamente curta na qual Tsukuru Tazaki levaria uma vida silenciosa e misteriosa sem saber o motivo de ter sido rejeitado. Mas, já que Sara disse aquilo (eu simplesmente transcrevi o que ela disse), tive que fazer Tsukuru ir a Nagoia e, depois, à Finlândia. Além disso, precisei contar como eram esses quatro amigos e criei os personagens do zero. Também descrevi em detalhes a vida que cada um levou. Consequentemente, a história virou um romance.

Ou seja, as simples palavras de Sara mudaram instantânea e completamente a direção, a natureza, o tamanho e a estrutura do romance. Foi uma grande surpresa até para mim. Pensando bem, Sara não estava dirigindo aquelas palavras ao personagem Tsukuru Tazaki, mas para mim, que sou o autor: "Você precisa escrever a continuação dessa história. Você já colocou os pés nesse território e tem condições de escrevê-la". Em outras palavras, acho que posso considerar Sara uma das projeções do meu alter ego. Na condição de porta-voz da minha consciência, ela estava me mostrando que eu não podia continuar estagnado: "Prossiga, continue escrevendo". Nesse sentido, acho que *O incolor Tsukuru Tazaki e seus anos de peregrinação* é uma obra que significa muito para mim. Pelo seu conteúdo, ela pode ser considerada um *romance realista*, mas acho que ao longo da narrativa várias coisas avançam de forma complexa e metafórica no plano invisível.

Talvez os personagens das minhas obras me pressionem, me incentivem, me encorajem e me façam seguir em frente mais do que eu, o autor, tenho consciência. Senti muito isso quando escrevi as falas e as ações da personagem Aomame, de *1Q84*. Foi como se, à força, ela tivesse ampliado algo dentro de mim. Pensando bem, acho que sou guiado e estimulado mais pelas personagens femininas. Nem eu sei por quê.

Em resumo: quando o escritor cria uma obra, em certo sentido, uma parte dele também está sendo simultaneamente criada.

Às vezes me perguntam: "Por que os personagens principais das suas obras não são da sua faixa etária?". Estou com aproximadamente 65 anos, e quem faz esse tipo de pergunta quer saber: por que você não conta a história de pessoas dessa idade? Por que não conta como essas pessoas vivem? Não seria normal que um escritor fizesse isso?

Mas eu não entendo. Por que o escritor *precisa escrever* sobre personagens da própria faixa etária? Por que *isso é normal*? Como já citei, o que me dá mais prazer quando escrevo romances é a sensação de que basta querer para que eu seja qualquer pessoa. Por que eu preciso abandonar por iniciativa própria essa possibilidade maravilhosa?

Já estava com mais de cinquenta anos quando escrevi *Kafka à beira-mar*, mas o personagem principal tem quinze anos. Enquanto escrevia, eu sentia que era um garoto de quinze anos. Naturalmente a minha *sensação* deve ser diferente da sensação de um jovem que tem quinze anos hoje. Eu estava apenas transferindo para *o momento atual*, no nível da imaginação, aquilo que eu sentia quando *tinha quinze anos*. Enquanto escrevia, consegui reproduzir fielmente, dentro de mim, o ar que respirei e a cena que vi quando tinha quinze anos. Através da força da escrita, consegui extrair a sensação que estava escondida havia muito tempo bem no meu íntimo. Foi uma experiência realmente maravilhosa. Acho que é uma sensação exclusiva dos romancistas.

Mas, se quero criar uma obra, não posso simplesmente desfrutar sozinho dessa *sensação maravilhosa*. Preciso relativizá-la, ou seja, compartilhar a minha alegria com os leitores. E, justamente para isso, criei o personagem chamado sr. Nakata, um *velhinho* com mais de sessenta anos. Ele também é, em certo sentido, meu alter ego. Minha projeção. Ele possui essas características. O menino Kafka e o sr. Nakata aparecem paralelamente e suas histórias se entrelaçam, e creio que graças a isso o romance tenha conquistado um equilíbrio saudável. Pelo menos foi isso que eu, o autor, senti quando estava escrevendo o romance, e é o que sinto ainda hoje.

Pode ser que um dia eu escreva um livro cujo personagem principal tenha mais ou menos a minha idade. Mas não acho que isso seja *imprescindível* para mim. No meu caso, surge antes de tudo a ideia. E a narrativa se amplia de forma natural e espontânea a partir dela. Como citei antes, é a própria narrativa que decide o tipo de personagem que será criado. Não sou eu quem pensa a respeito e decide. Eu, o autor, sigo apenas as instruções da narrativa, como seu escritor fiel.

A qualquer momento posso me tornar uma moça lésbica de vinte anos. Ou então um dono de casa desempregado de trinta anos. Eu simplesmente coloco os pés nos sapatos que me são oferecidos em cada momento, ajusto os meus pés a eles e começo a agir. É só isso. Eu faço os meus pés caberem nos sapatos e não o contrário. Na realidade isso é muito difícil de ser feito, mas, trabalhando por muito tempo como romancista, passei a conseguir naturalmente. Afinal, tudo acontece no nível da imaginação. E imaginação é como o sonho. No sonho, tanto o que temos acordado como o que temos dormindo, quase não possuímos opção. A única alternativa é seguir o seu fluxo.

E, enquanto fazemos isso, passamos a conseguir fazer livremente o que a princípio não conseguíamos. Essa é a maior alegria de escrever romances.

É essa a resposta que tenho vontade de dar toda vez que me perguntam: "Por que os personagens principais das suas obras não têm a sua idade?". Mas, como ela é longa e acho que dificilmente vou ser convincente, sempre dou uma resposta vaga com um sorriso nos lábios: "Bem, talvez um dia eu ainda escreva um romance com algum personagem da minha idade".

Mas, deixando esse assunto de lado, de modo geral é muito difícil analisar de forma correta e objetiva o *eu do aqui e agora*. É difícil apreender o eu do presente. Talvez justamente por isso eu esteja sempre colocando os meus pés em sapatos de tamanhos que *não são os meus*. Como se eu conseguisse encontrar meu valor em comparação aos outros.

De qualquer forma, acho que ainda existem muitas coisas que preciso aprender sobre os personagens dos romances. Ao mesmo tempo, também penso que ainda há muito que aprender *dos* personagens dos meus romances. Daqui para a frente eu gostaria de continuar criando e fazendo viver muitos personagens esquisitos, curiosos e coloridos. Toda vez que começo a escrever um novo romance, fico empolgado, pensando: que tipo de pessoas será que vou encontrar desta vez?

x. Para quem escrever?

Às vezes me perguntam: "Você escreve os romances para que tipo de leitores?". Eu sempre fico muito na dúvida sobre como responder. Desde o começo nunca pensei que escrevia *para alguém*, e até hoje não tenho essa consciência.

Em certo sentido, eu escrevo para mim mesmo. Especialmente em meu primeiro romance, *Ouça a canção do vento*, na mesa da cozinha no meio da noite, nem me passou pela cabeça que um dia ele seria lido por leitores comuns (é verdade), por isso escrevi a maior parte da história só pensando em *me sentir bem*. Em escrever o texto usando palavras que fizessem sentido para mim, que fossem adequadas, que exprimissem as várias imagens que tinha na mente, combinando-as bem... Eu só pensava nessas coisas. De qualquer forma, eu não tinha condições nem necessidade de pensar no tipo de pessoas que leriam o meu romance (ou algo parecido com isso), se iriam gostar, na mensagem literária que seria passada, ou seja, nessas coisas complicadas. Eu apenas escrevi, pura e simplesmente.

Acho também que o ato de escrever romances representou para mim uma espécie de *autocura*. Afinal, todo e qualquer ato criativo visa, em maior ou menor grau, a uma autocorreção. Em outras palavras, através dele fazemos uma relativização de nós mesmos, inserindo a nossa alma em um recipiente de formato diferente do atual e, assim, procuramos eliminar (ou sublimar) a contradição, a distorção e a deformação que inevitavelmente surgem ao longo da vida. Se der certo, podemos compartilhar esse efeito com os leitores. Eu não tinha consciência na época, mas acho que, quando escrevia, a minha mente buscava instintivamente esse tipo de autopurificação. Deve ser por isso que o desejo de escrever romances surgiu naturalmente dentro de mim.

Mas, depois que esse romance venceu o prêmio de novos talentos de uma revista literária, virou livro, vendeu relativamente bem, recebeu certo destaque e passei a ser considerado um *romancista*, tive que tomar consciência dos *leitores* – querendo ou não. Eu precisaria escrever com certa atenção, pois, afinal de contas, o que eu escrevesse viraria livro com o meu nome impresso na capa, e ele seria empilhado nas prateleiras das livrarias para ser comprado e lido por pessoas dos mais variados tipos. Mesmo assim, acho que não mudei muito a minha postura básica de *escrever para me sentir bem. Se eu escrever para me sentir bem, certamente haverá leitores que vão se divertir com o livro. Talvez não sejam muitos. Tudo bem, não há problema. Se eles me compreenderem, já será o suficiente.*

Escrevi os romances *Ouça a canção do vento* e *Pinball, 1973*, bem como as coletâneas de contos *Um barco lento para a China* e *Um dia perfeito para os cangurus*, com esse otimismo natural, sem pensar muito. Nessa época eu tinha outro trabalho (ocupação principal) e conseguia sobreviver sem muitos problemas com aquela renda. Escrevia nas minhas horas livres, quase como se fosse um hobby.

Certo crítico literário bastante renomado (já falecido) fez severas críticas ao meu primeiro romance dizendo: "É uma lástima que alguém pense que isso é literatura". Quando soube, pensei que era bastante normal alguém achar isso. Não me senti ofendido nem fiquei bravo. Afinal, a minha concepção de *literatura* era completamente diferente da dele. Para mim, questões como a filosofia ou a função social da obra, se ela é de vanguarda ou conservadora, se era alta literatura ou não, não tinham nenhuma importância. Só queria me sentir bem enquanto escrevia e, por isso, esse crítico e eu estávamos em planos de discussão completamente diferentes. Em *Ouça a canção do vento* aparece um escritor fictício chamado Derek Hartfield, que escreveu um livro chamado *O que há de mal em sentir-se bem*, que exprime exatamente o que estava no centro do meu pensamento nesse momento: qual o problema em me sentir bem?

Relembrando agora, chego à conclusão de que é um pensamento bastante simples, um tanto leviano, mas eu era jovem na época (com um pouco mais de trinta anos), logo depois da onda do movimento estudantil, quando o espírito rebelde era relativamente forte e eu tinha uma postura ousada de *antítese*, de enfrentar a autoridade, o establishment (pode parecer uma atitude um pouco arrogante e infantil mas acho que, no fim das contas, foi melhor assim).

A minha postura mudou um pouco quando comecei a escrever *Caçando carneiros* (1982). De alguma forma eu sabia que, se continuasse escrevendo sob o pensamento "qual é o problema em me sentir bem?", eu acabaria num beco sem saída como escritor profissional. Os leitores que gostavam do meu estilo e o consideravam *inovador* certamente se cansariam se fossem obrigados a ler coisas parecidas. Naturalmente eu também ficaria cansado.

Para começar, não adotei esse estilo por opção. A minha técnica narrativa era limitada e eu não seria capaz de escrever romances convencionais; adotei esse estilo porque só conseguia escrever assim, de forma *evasiva*. Acontece que, por acaso, essa *forma evasiva* foi considerada original e inovadora. Mas, já que eu havia me tornado um romancista, quis escrever com um pouco mais de profundidade e complexidade. Mas isso não significa que eu queria escrever um romance *convencional* no sentido literário. Eu queria escrever uma obra que tivesse poder de inovação mas que, ao mesmo tempo, me desse prazer enquanto escrevia. Não queria simplesmente converter em textos a imagem que tinha dentro de mim, de forma fragmentada; queria criar uma narrativa que expressasse minhas ideias e a minha consciência de forma mais abrangente e tridimensional.

Um ano antes de escrever *Caçando carneiros*, li o romance *Crianças de guarda-volumes*, de Ryû Murakami, e fiquei impressionado, mas só ele seria capaz de escrever esse romance. Também gostava muito dos livros de Kenji Nakagami, mas só ele conseguia escrever daquele jeito. Não eram os romances que eu queria escrever. Eu tinha que explorar meu próprio caminho. Tendo como exemplos concretos o poder das obras desses escritores, eu precisaria escrever uma coisa que só eu conseguisse fazer.

Para tentar atingir o meu propósito, comecei a escrever *Caçando carneiros*. A minha ideia era tornar o romance mais profundo, sem deixar meu estilo pesado, sem prejudicar a sensação de leveza (em outras palavras, sem me deixar levar pelo mecanismo da chamada *alta literatura*), na medida do possível. Para isso, eu precisava mudar a estrutura da *narrativa*. Para mim, estava bastante claro que eu tinha de fazer isso. E teria que dedicar muito tempo a essa mudança. Como eu ainda tinha uma *ocupação principal*, seria impossível continuar escrevendo como antes, no meu tempo livre. Por isso, antes de começar a escrever esse romance, vendi o meu estabelecimento para poder me dedicar exclusivamente à escrita. Nessa época eu ainda lucrava mais com o estabelecimento do que com a venda dos meus livros, mas decidi abrir mão dele. Queria concentrar a minha vida em escrever romances, dedicar todo o meu tempo a isso. Exagerando um pouco, eu *queimei a ponte que tinha acabado de atravessar* para não poder voltar atrás.

A maioria das pessoas à minha volta foi contra: "Não se precipite", disseram. *O estabelecimento é bastante frequentado, você tem uma renda estável e é um desperdício abandonar esse negócio. Você deveria contratar alguém para cuidar dele e, assim, se dedicar a romances.* Acho que na época ninguém achava que eu conseguiria me sustentar só com meus livros. Mas eu não tinha dúvidas de que seria bem-sucedido. Sempre fui do tipo que quer fazer tudo sozinho. Pelo meu temperamento, eu não conseguiria delegar o estabelecimento a alguém e me desligar dele. Eu estava num momento crucial da vida. Tinha que tomar uma decisão. Queria, pelo menos uma vez na vida, concentrar toda a força que possuía em escrever um romance. Pensei que, se não desse certo, tudo bem. Bastaria começar tudo de novo. Então vendi o estabelecimento, saí do apartamento de Tóquio e fui morar no subúrbio para me dedicar ao romance. Longe da metrópole, comecei a acordar cedo, a dormir cedo e a correr diariamente para manter o condicionamento físico. Determinado, mudei completamente meus hábitos.

Talvez tenha sido a partir desse momento que passei a ter uma consciência clara da presença dos leitores. Mas não fiquei tentando imaginar como eles seriam. Ou melhor, nem tive essa necessidade. Eu estava com quase 35 anos e tinha quase certeza de que quem lia os meus livros eram pessoas da minha faixa etária ou mais novas. Ou seja, *pessoas jovens*. Na época eu era considerado um "jovem escritor em ascensão" (fico encabulado em usar essa expressão) e claramente os fãs dos meus livros eram jovens. Eu não tinha necessidade de saber como eram, no que pensavam. Nós, o escritor e os leitores, naturalmente formávamos uma unidade. Pensando agora, foi a fase da nossa *lua de mel*.

Se não me engano, quando *Caçando carneiros* saiu na revista *Gunzô* foi friamente recebido pelos editores, mas felizmente os leitores o aceitaram bem, e, depois que virou livro, vendeu mais do que o esperado. Assim, fui bem-sucedido logo que passei a me dedicar exclusivamente à escrita. Consegui ter a clara sensação de que *o que eu estava tentando fazer não estava errado*. Nesse sentido, a minha carreira como romancista teve início com *Caçando carneiros*.

O tempo passou, já estou com mais de 65 anos e me encontro bem longe da fase em que era considerado um jovem escritor em ascensão. A princípio eu não sabia, mas naturalmente a gente acaba envelhecendo com o tempo (não tem jeito). E os meus leitores também mudaram. Ou melhor, devem ter mudado. "Então, que tipo de leitores leem o seu livro hoje em dia?" Quando me perguntam isso, só consigo responder: "Bem, não faço a menor ideia". Não faço mesmo.

Recebo muitas cartas de leitores e às vezes tenho oportunidade de conversar pessoalmente com alguns. Mas essas pessoas têm características muito diversas, então não consigo saber concretamente como é a maioria dos meus leitores. Não faço a menor ideia e acho que o departamento comercial das editoras também não sabe. Não existe, por exemplo, uma diferença significativa no número de homens e mulheres — não há uma característica comum entre os leitores. Antigamente os meus livros vendiam mais nas grandes cidades do que nas pequenas, mas hoje não há mais essa diferença regional.

"Então você escreve sem pensar em como são os seus leitores?", podem perguntar. Pensando bem, acho que é isso mesmo. Não consigo imaginar como são meus leitores.

Até onde sei, muitos escritores envelhecem junto com os seus leitores. Por isso é comum que a idade do escritor seja próxima à dos leitores. É bem compreensível, não é? Os escritores podem fazer seus romances imaginando leitores mais ou menos da própria faixa etária. Mas no meu caso parece que é diferente.

Há também gêneros de ficção que têm como alvo determinadas faixas etárias ou um público específico. Por exemplo, o gênero juvenil tem como alvo os adolescentes, os romances de amor têm como alvo mulheres na casa dos vinte a trinta anos e os romances históricos e de época, os homens de meia-idade. Isso também é bastante compreensível. Mas os meus romances são um pouco diferentes.

Fiz algumas elucubrações mas volto à estaca zero: como não faço a menor ideia de como é a maioria das pessoas que leem os meus livros, *não tenho outra opção a não ser escrever para me sentir bem.* Talvez eu possa dizer que estou retornando às minhas origens, mas isso é curioso.

Aprendi uma lição depois que me tornei escritor e passei a lançar livros regularmente: *Independentemente do que escreva e do estilo de escrita, sempre haverá alguém para criticar.* Por exemplo, quando escrevi um longo romance, disseram: "Está muito longo. Está redundante. Podia ter a metade do tamanho". Contudo, quando lancei um romance curto, criticaram: "Não tem conteúdo. É fútil. Está claro que ele relaxou", e também "É repetitivo, monótono e entediante", e "O anterior era melhor. A técnica é inovadora mas o conteúdo, não". Pensando bem, 25 anos atrás já diziam: "Murakami está ultrapassado. Ele não tem futuro". É fácil criticar (pois basta a pessoa falar o que lhe vem à cabeça sem sequer precisar se responsabilizar por isso), mas, se aquele que é criticado levar a sério tudo o que falarem, ele não vai aguentar. Por isso, cheguei à seguinte conclusão: "Podem dizer o que quiserem. Já que vou ser criticado de qualquer jeito, vou escrever o que quero, do jeito que quero".

No final de sua carreira, a música de trabalho de Ricky Nelson era "Garden party", que tem o seguinte verso: "*You see, ya can't please everyone, so ya got to please yourself*" (veja só, se você não pode agradar a todos, agrade a si mesmo). Entendo bem o que ele está dizendo. Na realidade é impossível agradar a todos, e se a gente se esforçar para conseguir acabará se desgastando em vão. Então basta fazer *o que eu quero*, o que me agrada mais, do jeito que eu quero. Assim, mesmo que o livro não receba elogios, mesmo que ele não venda bem, consigo me conformar pensando que pelo menos eu me diverti.

O pianista de jazz Thelonious Monk disse o seguinte: "Toque do seu jeito, e não do jeito que o público quer. Toque do jeito que você quer e deixe que o público entenda o que você está fazendo — mesmo que isso demore quinze, vinte anos".

Nem sempre aquilo que nos agrada tem um enorme valor artístico imediato. Para que tenha, nem preciso dizer que deve haver um duro trabalho de autocrítica. Outro requisito essencial é que o profissional consiga um número mínimo de fãs. Mas, depois de preencher esses requisitos, acho que os critérios mais importantes são *se divertir* e *sentir satisfação*. Afinal, uma vida em que a gente faz coisas entediantes não é muito divertida. Concorda? E voltamos novamente ao ponto inicial: qual é o problema no fato de eu me sentir bem?

Entretanto, quando me perguntam diretamente: "Você escreve romances pensando só em si mesmo, sério?", eu acabo respondendo: "Não, é claro que não". Como já disse, como escritor profissional sempre escrevo tendo em mente os leitores. É impossível me esquecer deles (mesmo quando me esforço), e mesmo se conseguisse não seria saudável.

Contudo, quando digo que mantenho os leitores em mente, isso não significa que imagino leitores na hora de escrever do mesmo jeito que as empresas imaginam o público-alvo depois de fazer pesquisa de mercado e análise dos consumidores para desenvolver um novo produto. Eu mantenho em mente apenas o *leitor imaginário*. Ele não tem idade, profissão nem sexo. Na realidade deve ter, mas essas características são contestáveis, ou seja, não são fatores especialmente importantes. O importante, o incontestável, é o fato de que estou *ligado* a ele. Não sei a fundo como estamos ligados, mas tenho a sensação de que estamos conectados, de que a minha raiz está ligada à dele em um local bem profundo, no escuro. Como é num lugar bem escondido, não posso ir até lá para verificar a ligação. Mas podemos senti-la através do sistema chamado narrativa. Temos a sensação real de que vários nutrientes circulam por ela.

Mas mesmo que eu cruze com esse leitor em alguma rua estreita, que nos sentemos um do lado do outro no assento do trem ou estejamos na mesma fila do caixa do supermercado, (quase) nunca perceberemos que as nossas raízes estão conectadas. Simplesmente nos cruzamos e nos afastamos, como desconhecidos. Provavelmente nunca mais nos veremos. Mas *na realidade* estamos ligados no *nível da ficção*, no subsolo, debaixo da dura camada superficial chamada vida cotidiana. Mantemos uma narrativa comum bem no fundo da mente. Acho que esse é o tipo de leitor que imagino. Escrevo romances diariamente desejando agradar esse leitor, mesmo que minimamente, desejando que ele capte algo por meio dos meus livros.

Comparadas com esse leitor, as pessoas reais à minha volta dão mais trabalho. Quando lanço um novo livro, agrado algumas delas, mas nem tanto a outras. Mesmo que não falem claramente a sua opinião ou impressão, consigo saber só de olhar o seu rosto. O que é natural. Cada pessoa tem seu gosto. E, por mais que me esforce, *não posso agradar a todos*, como diz Ricky Nelson. Para um escritor, é penoso ver pessoalmente a reação negativa de um leitor. Nessas horas, procuro pensar de forma otimista e simples: *Bem, o único jeito é me sentir bem*. Eu separo essas duas posturas de forma conveniente, dependendo da situação. É uma técnica que adquiri durante a longa carreira de escritor. É uma espécie de sabedoria para sobreviver.

Uma das coisas que me alegram é saber que pessoas de várias faixas etárias leem os meus romances. Muitas vezes recebo cartas dizendo: "Três gerações leram o seu livro aqui em casa". Já aconteceu a avó (que pode ter sido uma das minhas *jovens leitoras*), a mãe, o filho mais velho e a filha menor terem lido... Parece que isso ocorre em vários lugares. Quando fico sabendo de coisas assim, me sinto muito feliz. Se um único livro é lido por várias pessoas que moram na mesma casa, significa que ele está sendo útil. É claro que para a editora seria melhor se cada uma dessas cinco pessoas comprasse o próprio livro, mas, para mim, como autor, é muito mais empolgante saber que cinco pessoas leram um único exemplar.

Também já recebi ligação de um ex-colega de turma que disse: "Meu filho está no ensino médio e leu todos os seus livros, e costumamos conversar sobre eles. Quase não falo com ele, mas, quando o assunto são os seus livros, até que ele se comunica bastante". Pela voz, meu colega pareceu feliz. Fiquei feliz em pensar que meus livros estavam sendo úteis à sociedade. Pelo menos ajudaram um pai a se comunicar com o filho, o que considero um grande serviço prestado. Não tenho filhos, mas se os filhos dos outros leem os meus livros, gostam deles e simpatizam com eles o mínimo que seja, isso significa que deixei um pequeno legado à geração seguinte.

Na realidade, porém, quase nunca tenho oportunidade de conversar pessoalmente com os meus leitores. Para começar, não saio em público e raramente apareço na mídia. Nunca participei de programas de TV ou rádio por iniciativa própria (algumas vezes me filmaram e transmitiram a minha imagem sem a minha permissão). Tampouco participo de sessões de autógrafos. Muitas vezes me perguntam por que, e a razão disso é que, como escritor profissional, a melhor coisa que faço é escrever romances. Portanto, na medida do possível, quero dedicar toda a minha energia a essa atividade. A vida é curta e o meu tempo e a minha energia são limitados. Não quero perder o meu tempo com assuntos que não tenham a ver com a minha ocupação principal. Mas fora do Japão faço palestras, participo de leituras públicas e sessões de autógrafos uma ou duas vezes por ano, pois considero uma espécie de obrigação minha, como escritor japonês. Quero falar sobre isso em outra oportunidade.

Já tive sites pessoais que possibilitavam uma comunicação mais direta. O acesso foi liberado por tempo limitado, apenas algumas semanas, mas mesmo assim recebi vários e-mails. Li todos eles. Nos longos só dei uma olhada rápida, mas posso dizer que li todos.

Respondi a cerca de dez por cento dos e-mails recebidos. Dei conselhos rápidos e fiz desde comentários simples a textos mais longos e sérios. Dediquei tempo (em alguns casos foram meses) para escrever as respostas, praticamente não fiz outra coisa no período, mas parece que a maioria das pessoas que receberam a resposta não acreditou que eu tivesse escrito. Acharam que alguém tinha respondido no meu lugar. Parece que os artistas normalmente pedem para uma terceira pessoa responder às cartas dos fãs, e acharam que eu tivesse feito o mesmo. No site escrevi claramente: "Eu mesmo vou responder aos e-mails", mas parece que as pessoas não levaram a sério.

Principalmente os jovens que ficaram felizes com a minha resposta receberam um banho de água fria dos amigos: "Como você é bobo. Claro que não foi o próprio Murakami quem escreveu a resposta. Ele é ocupado. Alguém escreveu no lugar dele e ele diz que escreveu pessoalmente". Eu não sabia, mas no mundo existe muita gente desconfiada (ou muita gente que tenta enganar os outros). Mas juro que eu mesmo escrevi todas as respostas. Acho que consigo responder relativamente rápido os e-mails, mas como eram inúmeros tive muito trabalho. Mas foi bem divertido fazer isso, e aprendi bastante.

Trocando mensagens diretamente com os leitores compreendi que eles em geral compreendem as minhas obras. Naturalmente, se analisarmos a opinião de cada um, há mal-entendidos, interpretações exageradas, equívocos (me desculpem). Até aqueles que dizem ser grandes fãs meus elogiam algumas obras e criticam outras. Simpatizam com umas e se aborrecem com outras. Num primeiro olhar parece que as opiniões são bastante diferentes entre si, e sem nenhuma consistência. Mas, recuando alguns passos e observando-as de um ponto um pouco mais afastando, concluí que geralmente os leitores me compreendem de forma correta e profunda. Se analisarmos as opiniões individualmente, cada uma possui excessos ou faltas, mas, se compensarmos todas elas e fizermos um balanço, elas se complementam.

Quando tive esse insight, fiquei com a sensação de que a névoa sobre o topo da montanha estava se dissipando. Para mim, perceber isso foi uma experiência preciosa. No geral, essa foi a minha experiência com a internet. Mas, como foi um trabalho bastante penoso, acho que nunca mais vou conseguir repeti-lo.

Falei antes que eu escrevia tendo em mente o *leitor imaginário*, e acho que ele é sinônimo de *leitores em geral*. Quando penso no número geral, a imagem fica muito grande e tenho a impressão de que não cabe na minha cabeça; por isso a condenso em um *leitor imaginário*, no singular.

Nas livrarias do Japão os livros geralmente são separados por autores homens e mulheres. Mas parece que nas livrarias do exterior isso não é comum. Pode ser que isso ocorra em outros países, mas pelo menos eu nunca vi. Fiquei refletindo sobre o motivo dessa separação no Japão. Talvez porque as pessoas leiam mais coisas escritas por pessoas do mesmo gênero. Pensando bem, eu também leio mais livros de escritores homens. Mas não é só porque foram escritos por homens; isso é resultado de vários fatores, e costumo gostar muito de escritoras. Por exemplo, citando algumas escritoras estrangeiras, adoro Jane Austen e Carson McCullers. Li todas as obras delas. Gosto também de Alice Munro e traduzi alguns livros de Grace Paley. Por isso, acho que as livrarias não deveriam separar os livros pelo gênero do autor (pois assim a diferença da proporção de leitores de um autor só vai aumentar), mas é difícil que a sociedade me dê ouvidos.

Praticamente o mesmo número de homens e mulheres lê as minhas obras. Não fiz nenhuma pesquisa baseada em estatísticas, mas, conversando pessoalmente com vários leitores e trocando mensagens de e-mail com eles, percebo que a quantidade de leitores homens é mais ou menos igual à de mulheres. Isso tanto no Japão como no exterior. Há equilíbrio. Não sei bem a razão disso, mas acho que devo ficar feliz por isso. Afinal, o número de homens na população mundial é praticamente igual ao de mulheres, e é natural e saudável que a mesma estatística seja observada quando se trata de um livro.

Conversando com leitoras jovens, às vezes elas me perguntam: "Por que o senhor compreende tão bem o sentimento de moças jovens (apesar de ser homem e estar com mais de sessenta anos)?" (Naturalmente deve haver muitas pessoas que discordam dessa opinião, mas estou citando-a apenas como exemplo. Não me levem a mal.) Nunca pensei que eu compreendesse o sentimento de moças jovens (de verdade), e eu mesmo fico assustado quando alguém me fala isso. Nessas ocasiões, costumo responder: "Como me esforço muito para me colocar no lugar dos personagens quando escrevo um romance, acho que passo a compreender naturalmente, aos poucos, o que eles sentem e pensam. Claro que isso só acontece no nível da ficção".

Quando faço os personagens se moverem dentro do romance, compreendo até certo ponto o sentimento e o pensamento deles, mas isso não significa que necessariamente *eu compreendo bem as moças jovens de hoje*. Infelizmente é difícil entender pessoas de carne e osso. Mas fico muito feliz quando sei que mulheres jovens de carne e osso — pelo menos parte delas — se divertem lendo os meus romances (escritos por um velho com cerca de 65 anos) e simpatizam com os seus personagens. Às vezes chego a pensar que isso é quase um milagre.

Naturalmente pode haver livros voltados para homens e livros voltados para mulheres. Mas eu gostaria que os meus livros despertassem o interesse tanto dos homens como das mulheres, e deixassem ambos comovidos, de forma indistinta. Para mim, não há alegria maior do que saber que namorados, homens e mulheres de um círculo social, marido e mulher, pais e filhos discutem os meus livros com seriedade. Afinal, sempre achei que os romances, as narrativas, têm a função de pacificar os conflitos entre os diversos estereótipos e de amenizar as diferenças. Função maravilhosa, sem dúvida nenhuma. Desejo secretamente que os romances que escrevo assumam esse papel positivo no mundo, mesmo que de forma sutil.

Resumindo — fico encabulado em expressar em palavras uma coisa tão batida —, acho que sou um felizardo, pois tenho bons leitores desde que comecei a minha carreira de escritor. Acho que já disse isso antes, mas, por muito tempo, os críticos foram muito duros comigo. Até nas editoras que publicavam os meus livros havia mais editores que me criticavam do que aqueles que me apoiavam. Sempre fui criticado e tratado com frieza por diversos motivos. Até tenho a impressão de que venho trabalhando sozinho há muito tempo, andando sozinho contra o vento (que oscilava, ora ficando forte, ora ficando fraco).

Mesmo assim, graças aos leitores que nunca me abandonaram, não fiquei desanimado nem deprimido (apesar de ter me sentido esgotado algumas vezes). Não quero me gabar, mas os meus leitores são incríveis. Muitos não largam o livro assim que terminam de lê-lo, nem dizem apenas “Gostei muito”, deixando-o de lado depois; em vez disso, refletem sobre a obra, porque gostaram dela. Um número considerável lê a obra mais de uma vez. Em alguns casos leem várias vezes ao longo de décadas. Outros emprestam os livros para os amigos próximos e trocam impressões. Dessa forma tentam compreender a narrativa de diversas maneiras, de forma tridimensional, e verificam o ponto em que concordam. Muitos leitores me contaram isso. Toda vez que o ouvi, senti uma imensa gratidão. Afinal, são os leitores ideais para um escritor (eu próprio fui um leitor assim quando era jovem).

Orgulho-me também do fato de que, nos últimos 35 anos, o número de leitores aumentou de forma sistemática, toda vez que lancei um novo livro. Naturalmente livros como *Norwegian Wood* venderam de forma extraordinária, mas, exceto pelas oscilações momentâneas devido aos leitores "flutuantes", acho que o número de leitores *fiéis* que compram todos os livros que lanço aumentou de forma constante. Percebo isso nitidamente pelos números e também pela reação das pessoas. Essa tendência pode ser observada não só nos leitores do Japão, mas também nos do exterior. O curioso é que hoje não há uma grande diferença entre eles. Tenho muitos bons leitores, leitores fiéis, tanto aqui como lá.

Acho que ao longo dos anos consegui construir um sistema através do qual me comunico diretamente com os leitores, por meio de um sólido canal. Esse sistema não necessita (tanto) de intermediários como a imprensa ou a indústria literária. A sensação natural e espontânea de *confiança* que existe entre o autor e os leitores é essencial nessa relação. Mesmo havendo um canal sólido que me liga diretamente aos leitores, se estes não confiassem no meu trabalho — "Bem, já que Murakami lançou um livro, vou comprá-lo e lê-lo. Não devo perder nada com isso" —, eu não conseguiria manter o sistema funcionando bem por muito tempo.

Há alguns anos tive a oportunidade de conversar pessoalmente com o escritor John Irving, e ele disse uma coisa curiosa sobre a relação com os leitores: "O mais importante para o escritor é atingir o *main line* do leitor. Sei que estou sendo deselegante". *Hit the main line* é uma expressão em inglês que significa injetar drogas, ou melhor, aplicando ao exemplo citado, facilitar para que alguém fique viciado. É tentar criar uma dependência difícil de ser cortada. Uma relação na qual a pessoa não consiga esperar a próxima dose. Essa metáfora é bastante compreensível, mas, como tem ares antissociais, prefiro uma expressão mais branda, "canal que me liga diretamente ao leitor". Entretanto, o significado é basicamente o mesmo. É imprescindível que exista a sensação física e íntima de que o autor está negociando pessoalmente com o leitor ("E aí, rapaz, hoje tem uma mercadoria boa, não vai levar?").

Às vezes recebo cartas curiosas dos leitores. Alguns dizem: "Li o seu último livro e fiquei desapontado. Infelizmente não gostei muito dele, mas com certeza vou comprar o seu próximo livro. Estou torcendo por você". Para ser sincero, gosto de leitores assim. Sou muito grato a eles. Na nossa relação, com certeza existe uma *sensação de confiança*. Penso: é justamente para esses leitores que preciso escrever o meu próximo livro, com seriedade. E desejo sinceramente que o novo livro possa de fato agradá-los. Mas, como *não posso agradar a todos*, não sei como vai ser.

XI. Ir para o exterior. Novas fronteiras

As minhas obras foram lançadas oficialmente nos Estados Unidos no final da década de 1980: o romance *Caçando carneiros* foi traduzido e publicado pelo selo Kodansha International (KI), e alguns contos foram publicados na revista *New Yorker*. Na época a editora japonesa Kodansha mantinha o escritório da KI no bairro central de Manhattan e contratou editores locais para entrar com força na indústria editorial americana. Depois a KI se tornou Kodansha USA (KA). Não sei os detalhes, mas acho que ela é subsidiária da editora japonesa Kodansha.

O gerente editorial da KI era Elmer Luke, americano de ascendência chinesa, e, além dele, havia outros funcionários competentes (especialistas em marketing e venda). O presidente era o sr. Usui, que não tentava impor o sistema japonês à equipe americana e permitia que os funcionários trabalhassem livremente, na medida do possível. Por isso o ambiente da editora era bastante descontraído. O pessoal me ajudou bastante a publicar as minhas obras. Depois que me mudei para Nova Jersey, eu costumava passar no escritório da KA, na Broadway, para conversar com eles. A empresa parecia mais americana do que japonesa. Todos eram nova-iorquinos, bastante animados e competentes, e foi muito divertido trabalhar com eles. Tenho boas recordações daquela época. Eu tinha um pouco mais de quarenta anos e foi uma fase divertida. Até hoje mantenho contato com alguns deles.

Graças à tradução inovadora de Alfred Birnbaum, a versão em inglês de *Caçando carneiros* teve uma aceitação melhor do que a esperada, o *New York Times* fez uma grande divulgação e John Updike até escreveu uma longa e elogiosa resenha na *New Yorker*. Mas mesmo assim a sua venda ficou longe de ser um sucesso. A editora Kodansha International ainda era recente nos Estados Unidos, eu era um escritor desconhecido e as livrarias não colocaram o livro em lugar de destaque. Se naquela época existisse e-book ou venda pela internet, talvez o resultado fosse diferente, mas não foi o que aconteceu. Por isso, apesar de receber certo destaque, *Caçando carneiros* não vendeu muito. Mas depois, quando a sua edição de bolso foi publicada pela editora Vintage (Random House), ele passou a ter uma venda mais ou menos estável durante muito tempo.

Em seguida foram publicados mais dois romances, *O impiedoso país das maravilhas e o fim do mundo* e *Dance dance dance*, que tiveram boa aceitação e receberam destaque, mas foram considerados *místicos*, então não venderam muito. Era uma época em que a economia japonesa estava indo muito bem, em que até tinha sido lançado um livro chamado *Japão em primeiro lugar*, e o incentivo para o desenvolvimento do país era muito grande. Mas a cultura japonesa ainda não era muito conhecida. Os americanos geralmente se interessavam pela economia do Japão, mas o interesse pela cultura era bem restrito. Apesar de o músico Ryuichi Sakamoto e a escritora Banana Yoshimoto serem conhecidos já nesse período, ainda não tinha acontecido o boom cultural japonês, pelo menos não no mercado americano (na Europa, a situação era um pouco diferente). Ou seja, a imagem do Japão para os americanos nessa época era a de "um país estranho com muito dinheiro". Naturalmente havia pessoas que tinham grande respeito pela literatura japonesa e conheciam escritores como Yasunari Kawabata, Junichiro Tanizaki e Yukio Mishima, mas eram uns poucos intelectuais. Ou seja, amantes da leitura, eruditos da cidade.

Por isso, quando a revista *New Yorker* aceitou comprar alguns dos meus contos, fiquei muito feliz (foi como um sonho para mim, que era fã da publicação). Mas infelizmente não consegui deslanchar nessa época. Fazendo uma comparação com um foguete, a minha velocidade inicial foi boa, mas não me saí muito bem na hora de dar o impulso. Só que desde então mantive uma boa relação com a revista e, apesar da mudança de editor-chefe e de editor responsável, a considero meu porto seguro, um lugar nos Estados Unidos em que me sinto amparado. Parece que eles gostaram muito do estilo das minhas obras (que deve ter tido a ver com a cultura da empresa) e assinei com eles um contrato exclusivo. Depois fiquei sabendo que J. D. Salinger tinha o mesmo contrato com eles e me senti lisonjeado.

O meu primeiro conto publicado na *New Yorker* foi o "TV People" (em 10 de setembro de 1990) e, desde então, mais 27 contos foram publicados nos 25 anos seguintes. A política do departamento editorial da *New Yorker* para publicar uma obra é bastante rigorosa, e o autor tem a sua obra rejeitada se ela não estiver de acordo com os padrões e preferências da revista, por mais famoso que ele seja, por mais amigo que seja dos editores. Até "Zooey", de Salinger, foi rejeitado por unanimidade (se bem que ele acabou sendo publicado graças aos esforços do editor-chefe William Shawn). É claro que várias obras minhas já foram rejeitadas. Nesse ponto, a *New Yorker* é muito diferente das revistas literárias do Japão. Como as minhas obras começaram a ser publicadas nessa revista com certa regularidade, depois de passarem por uma seleção criteriosa, aos poucos consegui conquistar os leitores americanos e o meu nome foi se tornando conhecido pelo público. Nesse ponto, acho que a *New Yorker* me ajudou bastante.

O prestígio e a influência dessa revista são enormes e não têm comparação com os das revistas literárias japonesas. Nos Estados Unidos, quando a gente fala: "O meu livro vendeu um milhão de exemplares" ou "Ganhei tal prêmio", as pessoas dizem apenas: "Ah, é?". Mas a coisa muda completamente de figura quando digo: "Várias obras minhas foram publicadas na *New Yorker*". Sempre penso: como seria bom se na cultura japonesa existisse pelo menos uma revista considerada referência.

Os americanos que conheci por conta do meu trabalho diziam que, se eu quisesse ser um escritor bem-sucedido nos Estados Unidos, teria que contratar um agente local e publicar meus livros por uma grande editora americana. Eu já sabia disso antes mesmo de eles me dizerem algo assim. Pelo menos naquela época era desse jeito. Por isso, apesar de me sentir grato ao pessoal da KA, decidi procurar um agente e uma editora por conta própria. Depois de entrevistar algumas pessoas em Nova York, decidi que a minha agente literária seria a Amanda ("Binky") Urban, da renomada agência ICM (International Creative Management), a editora seria a Knopf (cujo presidente é Sonny Mehta), da Random House, e o editor seria Gary Fisketjon. Todos eles são considerados referência no mundo literário americano. Hoje fico espantado por ter conseguido parceiros tão influentes assim, por eles terem se interessado por mim, mas naquela época eu estava desesperado e não tive condições de pensar em quanto eles eram importantes. Apenas entrevistei várias pessoas que me foram apresentadas e escolhi as três que me passaram mais confiança.

Acho que eles se interessaram por mim por três motivos. Primeiro, por eu ser tradutor de Raymond Carver para o japonês e ter introduzido as suas obras no Japão. Os três tinham trabalhado com o autor. Acho que não foi coincidência. Talvez o falecido Ray Carver tenha promovido o nosso encontro (nessa época tinham se passado apenas quatro ou cinco anos desde o seu falecimento).

Segundo, pelo fato de *Norwegian Wood* ter vendido quase dois milhões de exemplares no Japão, o que virou notícia também nos Estados Unidos. Esse número também é considerado alto na América, ainda mais quando se trata de uma obra literária. Por isso o meu nome era relativamente conhecido na indústria americana e *Norwegian Wood* era como se fosse o meu cartão de visita.

Terceiro, porque as minhas obras estavam sendo publicadas gradativamente nos Estados Unidos, recebendo certo destaque, e, apesar de eu ser um escritor novo no país, acho que eles queriam apostar no meu *futuro*. Além disso, também deve ter sido levado em consideração o fato de o pessoal da *New Yorker* me ter em alta conta. Robert Gottlieb, editor-chefe, conhecido como *editor lendário*, sucessor de William Shawn, gostou de mim e chegou a me mostrar pessoalmente todas as dependências da empresa, de ponta a ponta. É uma recordação muito boa que guardo até hoje. A editora Linda Asher, que trabalhava diretamente comigo, era muito charmosa e curiosamente nós nos demos bem. Ela saiu da *New Yorker* há muito tempo mas mantemos contato. Pensando bem, acho que posso dizer que cresci como escritor no mercado americano graças à *New Yorker*.

* * *

Acho que um dos fatores que mais contribuíram para as coisas darem certo para mim foi ter trabalhado com esses três profissionais do mundo literário: Binky, Mehta e Fisketjon. Eles eram bastante competentes, empolgados, tinham uma ampla rede de contatos e uma sólida influência sobre a indústria literária. Não posso deixar de citar o (notório) designer Chip Kidd, da Knopf, que fez o projeto de todas as capas dos meus livros, desde *O elefante desaparece* até o último, *O incolor Tsukuru Tazaki e seus anos de peregrinação*, que tiveram boa aceitação. Alguns leitores aguardam ansiosos meus novos livros em inglês por causa da capa. Posso dizer que esses profissionais maravilhosos me ajudaram muito.

Outro fator importante foi a decisão que tomei no início da carreira, de eliminar a barreira técnica de ser *um escritor japonês* e trabalhar em pé de igualdade com os autores americanos. Eu mesmo procurei os tradutores dos meus livros, contratei-os, conferi pessoalmente a tradução e só depois mostrei esse material à agente para que negociasse com uma editora. Assim, a agente e a editora me trataram da mesma forma que tratam os escritores americanos. Ou seja, entrei no jogo não como um estrangeiro que escreve em língua estrangeira, mas como alguém que segue as mesmas regras e trabalha sob as mesmas condições dos escritores americanos. Antes de qualquer outra coisa construí esse sistema sólido por conta própria.

Decidi trabalhar assim porque a Binky foi categórica no nosso primeiro encontro: "Não consigo trabalhar com obras que não posso ler". Ela costuma começar o trabalho só depois de ler e avaliar pessoalmente a obra. Por isso, se o texto não está em inglês, ela não consegue trabalhar. Bem, isso é óbvio. Por isso resolvi eu mesmo providenciar uma tradução satisfatória.

Muitas pessoas da indústria editorial do Japão e da Europa dizem: "As editoras americanas só pensam em marketing e vendas, e não estão interessadas em formar escritores". Não chega a ser um antiamericanismo, mas muitas vezes sinto que há certa antipatia (ou falta de simpatia) com o modelo de negócios americano. É bem verdade que não podemos negar esse aspecto da indústria literária americana.

Vários escritores de lá se queixavam: "Os agentes e as editoras nos tratam bem quando nossos livros estão vendendo muito, mas são frios quando esse número cai". Isso de fato deve acontecer. Mas existe o outro lado também. Conheci agentes e editores que se empenhavam em lançar obras ou escritores que eles achavam bons ou que tinham em alta conta, sem se preocupar com lucros. A consideração pessoal e o entusiasmo do editor com o autor fazem uma grande diferença. Acho que isso é válido para qualquer lugar do mundo.

A meu ver, quem tem interesse em trabalhar no mercado editorial ou em ser editor o faz porque gosta de livros, e isso vale em qualquer lugar do mundo. Quem quer ganhar muito dinheiro não procura a indústria editorial. Essas pessoas vão para Wall Street ou Madison Street. As editoras geralmente não pagam salários altos, com poucas exceções. Por isso os profissionais dessa área têm, em maior ou menor grau, orgulho e entusiasmo: "Eu trabalho com isto porque gosto de livros". Se gostam da obra, eles trabalham com entusiasmo, sem se preocupar com lucros.

Morei um tempo no leste dos Estados Unidos (Nova Jersey e Boston), então me tornei amigo pessoal de Binky, Gary e Sonny. Quando trabalhamos com alguém por vários anos, apesar de morarmos longe uns dos outros, é importante nos encontrarmos de vez em quando para conversar. Em qualquer país é assim. Se eu deixasse tudo nas mãos da agente e do editor, sem me reunir nenhuma vez com eles, dizendo: "Façam como vocês quiserem", as coisas não dariam certo. Claro que eu poderia agir assim se as minhas obras tivessem uma força esmagadora, mas, para ser sincero, não tenho tanta confiança assim no meu trabalho e sou do tipo que quer fazer tudo sozinho, na medida do possível. Por isso procurei fazer tudo o que estava ao meu alcance. Estava repetindo em solo americano o que já havia feito no Japão, quando comecei a carreira de escritor. Ou seja, com mais de quarenta anos eu estava vivendo novamente um início de carreira.

Decidi explorar o mercado americano porque tinha passado por diversas experiências desagradáveis no Japão e senti fortemente que não valia muito a pena perder tempo na minha terra natal. Na época o país vivia um momento de bolha econômica e não era muito difícil sobreviver como escritor. O Japão possuía mais de cem milhões de habitantes e a grande maioria sabia ler. Ou seja, a base de leitores era enorme. Além disso, a economia japonesa estava excelente, a ponto de surpreender o resto do planeta, e o mundo literário também estava aquecido. As ações subiam sem parar, os preços dos imóveis também, e, como havia bastante dinheiro circulando, novas revistas eram lançadas a todo momento, atraindo muitos anunciantes. Não faltavam pedidos para que eu escrevesse. Havia muitos trabalhos *interessantes* na época. Por exemplo, chegaram a me propor: "Você pode viajar para qualquer lugar do mundo, gastar quanto quiser e escrever um livro de viagens do jeito que quiser". Um desconhecido chegou a me fazer uma proposta espetacular: "Comprei um *château* na França. Não quer morar lá durante um ano para ficar escrevendo romances em paz?". (Recusei educadamente todas essas ofertas). Hoje, é difícil acreditar que houve uma época assim. Mesmo que os romancistas não conseguissem viver da sua ocupação principal, ou seja, escrevendo romances, podiam sobreviver sem problemas aceitando esses bicos *interessantes*.

Mas achei que esse ambiente não fazia bem para mim, que estava com quase quarenta anos (ou seja, numa fase importante como escritor). Há quem diga que a mente humana se perturba quando o seu meio está perturbado, e era exatamente isso que estava acontecendo. A sociedade inteira estava ruidosa e inconstante, e só se falava em dinheiro. Nesse ambiente, eu não conseguia me sentar com calma e dedicar muito tempo para escrever um romance. "Se continuar assim, vou arruinar a minha carreira" — esse sentimento foi aumentando aos poucos dentro de mim. *Quero estar num ambiente mais tenso e explorar novas fronteiras. Quero experimentar novas possibilidades*, assim eu pensava. Foi por isso que deixei o Japão na segunda metade da década de 1980 e passei a viver principalmente no exterior. Isso aconteceu depois de eu publicar *O impiedoso país das maravilhas e o fim do mundo*.

Além disso, eu e as obras que escrevia éramos alvo de severas críticas no Japão. Mas eu pensava que ninguém é perfeito, então as obras também não podem ser, e naturalmente elas estão sujeitas a críticas. Procurava não dar muita importância a esses comentários. Mas eu era jovem e muitas vezes achei que estavam sendo extremamente parciais nas críticas. Às vezes invadiam a minha privacidade, falavam mentiras sobre mim e a minha família e até me faziam ataques pessoais. Por que eles precisaram ser tão duros comigo? Eu ficava mais curioso para ter essa resposta do que magoado pela situação.

Hoje avalio que as críticas eram uma forma de liberação da frustração que os membros da indústria literária japonesa (escritores, críticos, editores, entre outros) sentiam. Ou seja, havia uma espécie de insatisfação ou melancolia na indústria literária porque a corrente dominante da literatura estava rapidamente perdendo força e influência. Uma mudança de paradigma estava ocorrendo aos poucos. Mas, para os integrantes da indústria literária, esse "enfraquecimento" da cultura era lamentável e inaceitável. Muitos deles achavam que o que eu escrevia ou a minha própria existência era *uma das principais causas da destruição e da ruína daquilo que eles consideravam o ideal* e, como consequência, tentaram me eliminar, assim como os glóbulos brancos que atacam os vírus. Eu pensava que, se essa corrente pode ser destruída por alguém insignificante como eu, ela também deve ter os seus problemas.

Muitos críticos diziam que o que eu fazia era apenas uma adaptação da literatura estrangeira, e que minha literatura só era aceita no Japão. Eu não achava que o que eu escrevia era "adaptação da literatura estrangeira"; apenas tentava buscar uma nova possibilidade para a língua japonesa, como instrumento, de forma ativa e cuidadosa. Para ser sincero, não nego que me senti desafiado nessa hora: "Se vocês acham isso, então vou comprovar que minhas obras serão aceitas no exterior". Não tenho um temperamento competitivo, mas, quando não concordo com uma coisa, quero verificar os fatos até o fim, até me convencer.

Além disso, se eu conseguisse trabalhar no exterior, talvez não precisasse mais depender da complicada indústria literária do Japão. Poderia ignorar o que meus conterrâneos diriam. Essa possibilidade também foi um dos fatores que me encorajaram a trabalhar fora. Pensando bem, o fato de ter sido severamente criticado no Japão foi um dos motivos que me levaram a tomar novos rumos e, nesse sentido, acho que posso me considerar sortudo por ter sido depreciado no meu país. Em qualquer área, a coisa mais aterrorizante para um profissional é o fato de ter a sua carreira arruinada por *elogios excessivos*.

Quando passei a publicar os livros no exterior, o que me deixou mais feliz foi a opinião que recebi de muitas pessoas (leitores e críticos) de que minhas obras eram originais e diferentes das de todos os outros escritores. Predominava a ideia de que "o estilo do Murakami é completamente diferente", tanto entre os que elogiavam como entre os que depreciavam as minhas obras. Como a reação geral foi bem distinta da que percebi no Japão, me senti muito feliz, de verdade. Afinal, ser considerado original, com estilo próprio, é o maior elogio que eu poderia receber.

Quando as minhas obras começaram a vender fora do meu país, ou melhor, quando o pessoal do Japão descobriu isso, eles começaram a dizer que meus livros vendiam bem porque eu usava uma linguagem fácil de ser traduzida, compreensível para os estrangeiros. Então pensei, abismado: *Ué, mas vocês não diziam exatamente o contrário?* Enfim... Eu simplesmente tive que aceitar que no mundo existem pessoas que falam coisas sem pensar direito, sem fundamento, conforme o que lhes der na telha.

Para começar, romances nascem naturalmente no nosso íntimo, e não podemos mudar a trama facilmente, pensando em uma estratégia. Não dá para escolher assuntos intencionalmente, levando em consideração o resultado de uma pesquisa de mercado, por exemplo. Mesmo que isso seja possível, uma obra criada de modo tão superficial não vai conquistar muitos leitores. E, mesmo que conquiste, a obra ou o escritor não terá sucesso duradouro e logo será esquecido pelo público. Abraham Lincoln já dizia: "Você pode enganar algumas pessoas o tempo todo ou todas as pessoas durante algum tempo, mas não pode enganar todas as pessoas o tempo todo". Acho que podemos dizer o mesmo de romances. Neste mundo há muitas coisas que vão ser confirmadas com o tempo ou que só podem ser confirmadas com o tempo.

Vamos voltar ao assunto inicial.

Os meus livros foram publicados aos poucos nos Estados Unidos: os de capa dura, pela grande editora Knopf, e as edições de bolso, pela editora Vintage, do mesmo grupo. O número de vendas foi aumentando aos poucos, de forma constante, e, a partir de certo momento, todos os livros que eu lançava figuravam na lista de mais vendidos dos jornais de Boston e San Francisco. Ou seja, formou-se uma comunidade de leitores fiéis, como a que havia no Japão.

A partir de 2000, ou especificamente de *Kafka à beira-mar* (lançado em 2005 nos Estados Unidos), meus livros passaram a constar sempre na lista geral dos mais vendidos nos Estados Unidos, divulgada pelo jornal *New York Times* — bem, no começo eles ficavam entre os últimos da lista. Esse fato indicava que o meu estilo de escrita havia sido aceito não só nas grandes cidades mais liberais das costas leste e oeste dos Estados Unidos, mas também em todo o país, inclusive no interior. *1Q84* (2011) ficou em segundo lugar na lista de mais vendidos (ficção, capa dura) e *O incolor Tsukuru Tazaki e seus anos de peregrinação* (2014) ficou em primeiro. Mas levei muito tempo para chegar até esse ponto. Não tirei a sorte grande de primeira. Fui escrevendo cada um dos livros com paciência, e finalmente consegui solidificar a minha base. Como resultado, também começou a aumentar a venda das edições de bolso das minhas obras antigas. Um fluxo favorável tinha se formado.

No começo, me chamou mais a atenção o aumento do número de exemplares vendidos no mercado europeu, e não no americano. Parece que o fato de ter me baseado em Nova York contribuiu para esse progresso. Não foi uma coisa planejada. Para falar a verdade, eu não sabia que Nova York era tão influente assim. Eu só escolhi os Estados Unidos como ponto de partida para correr atrás do que eu queria porque conseguia ler em inglês e porque por acaso estava morando nos Estados Unidos.

Tenho a impressão de que, tirando os países asiáticos, a venda dos meus livros explodiu primeiro na Rússia e nos países do Leste Europeu, e essa onda foi seguindo gradativamente para oeste. Isso aconteceu em meados da década de 1990. Ouvi dizer que, em certa época, meus livros ocupavam cinco postos da lista dos dez mais vendidos da Rússia, o que é muito assustador.

É apenas uma impressão minha e não tenho como apresentar provas ou exemplos concretos, mas, repassando os acontecimentos históricos, tenho a percepção de que os meus livros se tornam populares em alguns países depois que eles passam por uma transformação na sua base social. Acho que essa tendência é mundial. Por exemplo, a venda dos meus livros disparou na Rússia e nos países do Leste Europeu depois que houve a gigantesca transformação da sua base, com a queda do comunismo. Esse sistema ditatorial que parecia sólido e inabalável caiu por terra facilmente e, em seguida, foi surgindo aos poucos o *caos brando* onde a esperança e a preocupação se misturavam. Imagino que, num momento de transformação de valores como esse, as pessoas começaram a perceber uma realidade nova na narrativa que eu fornecia.

Na Alemanha, parece que a venda foi aumentando gradativamente depois da dramática queda do muro de Berlim. É claro que pode ser apenas uma coincidência. Mas acho que uma grande transformação de estrutura e de bases sociais influencia fortemente a realidade das pessoas, incitando uma transformação, é um fenômeno natural e lógico. A realidade da sociedade e a realidade da narrativa estão intrinsecamente ligadas no nível da alma (ou do inconsciente) das pessoas. Em qualquer época, quando a realidade da sociedade sofre uma grande transformação devido a um acontecimento marcante, inevitavelmente temos uma mudança na realidade da narrativa.

A narrativa, originalmente, é uma metáfora da realidade, e as pessoas, para não serem deixadas para trás pelo sistema que as cerca e que está em transformação, ou para poderem alcançá-lo, necessitam estabelecer no próprio interior uma nova narrativa, ou um novo sistema de metáfora. Elas conseguem aceitar a realidade incerta e se manter equilibradas quando ligam esses dois sistemas (o da sociedade e o da metáfora), fazendo os mundos subjetivo e objetivo se comunicar e ajustando-os reciprocamente. Talvez a realidade da narrativa fornecida pelos meus romances tenha funcionado como uma engrenagem de ajuste, em nível global. Naturalmente, vou repetir, é apenas uma impressão minha. Mas acho que não estou completamente equivocado.

Levando isso em consideração, acho que a sociedade japonesa, antes da sociedade ocidental, pressentiu de forma natural, branda e até evidente esse desmoronamento global. Afinal, os meus romances foram aceitos primeiro no Japão — pelo menos pela maioria dos leitores do país. Talvez possamos dizer o mesmo dos nossos vizinhos, os países leste-asiáticos, como China, Coreia do Sul e Taiwan. Os leitores desses países leram e aceitaram as minhas obras já na fase inicial (antes de elas serem reconhecidas nos Estados Unidos e na Europa).

Talvez esse fato indique que a transformação social começou a apresentar um significado real primeiro nos países leste-asiáticos, antes dos países ocidentais. Mas também há de se considerar que a transformação no continente asiático foi mais suave e lenta, não ocorrendo uma mudança social repentina provocada por acontecimentos marcantes como nos países ocidentais. Na Ásia, onde a economia tem crescido rapidamente, a transformação social não aconteceu do nada; pelo contrário, ela vem acontecendo de forma constante e contínua há um quarto de século.

Naturalmente esse meu ponto de vista é forçado e deve haver outros fatores envolvidos. Mas não podemos negar que há uma considerável diferença na reação dos meus leitores nos países asiáticos e nos países ocidentais. A meu ver, essa diferença se deve muito à diferença no modo de perceber e de reagir à *transformação*. Além disso, eu ousaria dizer que tanto no Japão como nos demais países leste-asiáticos o *modernismo*, que em tese precedeu o pós-modernismo, não existiu no sentido estrito da palavra. Ou seja, acho que nesses países não havia uma separação clara e lógica entre os mundos subjetivo e objetivo como havia na sociedade ocidental. Mas, como acho que o assunto está indo longe demais, vou deixar esta discussão para outra oportunidade.

Outro fator que contribuiu para o meu sucesso nos países ocidentais foi ter encontrado tradutores excelentes. Em meados da década de 1980 um jovem americano tímido chamado Alfred Birnbaum me procurou e perguntou se poderia traduzir alguns contos meus de que ele tinha gostado. Eu respondi que sim, e ele traduziu alguns que, depois de alguns anos, foram publicados na *New Yorker*. Alfred também traduziu três romances, *Caçando carneiros*, *O impiedoso país das maravilhas e o fim do mundo* e *Dance dance dance*, que na época foram publicados pela editora Kodansha International. Ele é um tradutor extremamente competente e empolgado. Se ele não tivesse me procurado, provavelmente eu não teria pensado em pedir que traduzissem as minhas obras para o inglês naquele momento. Afinal, achava que ainda não estava na hora.

Quando fui morar nos Estados Unidos, a convite da Universidade de Princeton, conheci Jay Rubin. Ele era professor da Universidade do Estado de Washington na época e depois se tornou professor da Harvard. Era um excelente pesquisador de literatura japonesa, conhecido por ter traduzido algumas obras de Soseki Natsume. Ele também se interessou pelas minhas obras e disse: "Eu gostaria de traduzir seus livros. Fale comigo quando precisar de um tradutor". Então lhe pedi que traduzisse alguns contos de que ele tivesse gostado, e o resultado foi maravilhoso. Curiosamente as obras que ele escolhia eram totalmente diferentes das que Alfred escolhia. Isso me fez perceber que era importante poder contar com mais de um tradutor.

Jay Rubin é um tradutor bastante talentoso, e acho que conquistei uma posição sólida nos Estados Unidos graças à sua tradução do romance *Crônica do pássaro de corda*. Explicando em palavras simples, a tradução de Alfred é mais livre, enquanto a de Jay é mais sólida. Cada uma tem os seus pontos fortes, mas depois Alfred ficou sobrecarregado e não teve mais tempo de traduzir os meus romances; por isso, foi uma grande sorte ter conhecido Jay. Além do mais, a tradução fiel e literal que Jay faz é mais adequada a um romance como *Crônica do pássaro de corda*, que possui uma estrutura relativamente elaborada (em comparação com as minhas obras iniciais). Gosto da tradução de Jay também pelo senso de humor despojado que ele tem. A sua tradução não é apenas correta e fiel.

Philip Gabriel e Ted Goossen também traduzem os meus textos. Eles são bastante talentosos, e tudo começou porque se interessaram pelas minhas obras. Conheço os dois há bastante tempo, desde quando eram jovens. Eles se aproximaram de mim dizendo: "Gostaria de traduzir suas obras" ou "Traduzi algumas obras suas", o que me deixou muito feliz. Sou amigo deles desde então e os considero aliados preciosos. Como eu mesmo faço traduções (do inglês para o japonês), compreendo as dificuldades e as alegrias de um tradutor. Por isso procuro manter contato próximo com eles, e respondo com prazer a dúvidas relacionadas à tradução. Também tento lhes oferecer condições mais favoráveis.

Quem faz traduções sabe bem: a tarefa é árdua e trabalhosa. Mas não pode se limitar a isso. Ela também deve ter aspectos prazerosos. O tradutor é o parceiro mais importante de um autor que quer explorar o mercado exterior. É muito importante encontrar alguém compatível com você. Mesmo que o tradutor seja excelente, se ele não tiver afinidade com o texto e o autor o resultado não será bom. O estresse só aumentará nos dois lados. Além disso, se o tradutor não sentir amor pelo texto, traduzir será apenas uma *tarefa entediante*.

Tem mais uma coisa que talvez eu nem precisasse verbalizar. No exterior, especialmente nos países ocidentais, fazer a sua parte é o mais importante de tudo. Se delegarmos o trabalho aos outros dizendo: "O resto é com você", as coisas não vão dar certo. Temos que assumir a responsabilidade e tomar decisões em todas as etapas. Para isso, temos que gastar nosso tempo e nosso esforço, e precisamos ter algum conhecimento de inglês. Naturalmente podemos deixar os procedimentos básicos nas mãos dos agentes literários, mas, como são ocupados, eles não dão muita atenção para um autor desconhecido que não vende muito. Por isso, o escritor precisa fazer as coisas por si mesmo. Por exemplo, apesar de ser relativamente conhecido no Japão, no começo eu era desconhecido no mercado estrangeiro. Exceto por algumas pessoas da indústria literária e uns poucos leitores, a maioria dos americanos nunca tinha ouvido falar do meu nome nem sabia pronunciá-lo direito. Às vezes me chamavam de "Myurakami". Esse fato me deixou até mais motivado, pois pensei: *Vou dar o máximo de mim nesse mercado onde sou um completo desconhecido e, começando do zero, vou ver até onde consigo chegar.*

Como já comentei, se tivesse permanecido no Japão quando a economia estava em alta, eu continuaria recebendo ofertas de trabalho uma após a outra, pois, afinal, eu era o autor do best-seller *Norwegian Wood* (fico sem jeito de dizer isso). Eu só precisava querer para que conseguisse ganhar muito dinheiro. Mas eu quis me afastar desse ambiente e testar até que ponto seria aceito no mercado estrangeiro, começando como alguém (quase) desconhecido, em início de carreira. Esse passou a ser o meu propósito, a minha meta de vida. Hoje, concluo que foi positivo eu ter estabelecido esse desafio como minha meta. Afinal, manter a motivação para enfrentar novos obstáculos é importante para quem realiza um trabalho criativo. O frescor da motivação para escrever diminui e se perde quando a gente se contenta com a mesma posição, com o mesmo lugar (em sentido figurado). Acho que posso admitir que consegui estabelecer uma meta oportuna, ou seja, que tive uma ambição saudável em um momento oportuno.

Não gosto de aparecer em público, mas, no exterior, dou entrevistas e faço discursos em premiações quando recebo algum prêmio. Às vezes até aceito participar de leituras públicas e palestras. Não apareço tanto (parece que no exterior também tenho a fama de ser "um escritor que não gosta de aparecer em público"), mas, à minha maneira, me esforço para ampliar por pouco que seja a minha visibilidade. Não falo o inglês com muita fluência, mas procuro dar opiniões usando minhas próprias palavras, sem intérprete, na medida do possível. Mas raramente faço isso no Japão, e por isso sou criticado: "Só agrada os leitores do exterior", "Ele age diferente em cada um dos lugares".

Não quero me justificar, mas procuro aparecer em público no exterior porque tenho em mente que preciso assumir a *responsabilidade como escritor japonês*. Como já disse antes, morei no exterior na época em que o Japão vivia a bolha econômica, e nessa época eu achava que era uma pena que os japoneses não *mostrassem a cara*. Depois de ver isso acontecer várias vezes, passei a sentir que precisava mudar essa situação, por pouco que fosse, para o bem dos inúmeros japoneses que moram no exterior e para o meu próprio bem. Não sou uma pessoa especialmente nacionalista (pelo contrário, acho que tenho uma forte inclinação cosmopolita), mas, querendo ou não, quando passei a morar no exterior, tive que me conscientizar de que sou *um escritor japonês*. As pessoas à volta me olham sabendo disso e eu próprio passei a me ver como tal. Quando encontro outros japoneses, surge de forma natural e inevitável a consciência de que *somos conterrâneos*. É curioso, se eu pensar bem. Afinal, fugi do Japão, do seu conjunto de valores rígido, eu vivia como um *expatriado* no exterior e, por isso, acabei tendo que voltar a assumir a relação com o meu país de origem.

Não me levem a mal: não estou falando em *voltar literalmente ao solo japonês*, mas sim em voltar a ter uma *relação* com ele. Há uma grande diferença entre as duas coisas. Já vi algumas pessoas que moraram um tempo fora, retornaram ao Japão e, numa reação contrária, tornaram-se excessivamente patriotas (às vezes nacionalistas), mas não foi isso que aconteceu comigo. Apenas passei a refletir mais a fundo sobre o significado de eu ser um escritor japonês, sobre a minha identidade.

Os meus livros já foram traduzidos para mais de cinquenta idiomas até agora. Sinto satisfação e orgulho por essa grande conquista. Afinal, isso significa que as minhas obras foram reconhecidas em diferentes culturas, com diferentes padrões. No entanto, não penso que isso prove que o que eu vim fazendo estava certo; nem ouso falar algo do tipo. Uma coisa não tem nada a ver com a outra. Eu ainda me considero um escritor em desenvolvimento e acho que a margem de crescimento é (praticamente) infinita.

Mas, afinal, onde posso crescer?

Acho que esse espaço existe dentro de mim. Construí a minha base como escritor no Japão e, em seguida, ampliei o leque de leitores indo morar no exterior. Acho que o próximo passo será descer para o meu interior e explorá-lo mais a fundo, mais longe. Aí será a minha terra desconhecida, provavelmente a minha última fronteira.

Não sei se conseguirei explorar essa fronteira de forma satisfatória e eficiente. Mas vou repetir: é maravilhoso poder estabelecer um desafio como meta. Não importa a idade, não importa onde a gente esteja.

ESTA OBRA FOI COMPOSTA PELA ABREU'S SYSTEM EM ADOBE GARAMOND
E IMPRESSA EM OFSETE PELA LIS GRÁFICA SOBRE PAPEL PÓLEN SOFT DA SUZANO
PAPEL E CELULOSE PARA A EDITORA SCHWARCZ EM ABRIL DE 2017

A marca FSC® é a garantia de que a madeira utilizada na fabricação do papel deste livro provém de florestas que foram gerenciadas de maneira ambientalmente correta, socialmente justa e economicamente viável, além de outras fontes de origem controlada.